# 攀岩

## 全民健身项目指导用书

郑磊　王宁◎主编

吉林出版集团股份有限公司　全国百佳图书出版单位

**图书在版编目（CIP）数据**

攀岩 / 郑磊, 王宁主编. -- 2版. -- 长春：吉林
出版集团股份有限公司, 2010.2(2024.8重印)
全民健身项目指导用书
ISBN 978-7-5463-2315-2

Ⅰ.①攀… Ⅱ.①郑… ②王… Ⅲ.①登山运动－基
本知识 Ⅳ.①G881

中国版本图书馆 CIP 数据核字(2010)第 028338 号

全民健身项目指导用书

# 攀 岩

PANYAN

主　　编　郑　磊　王　宁
责任编辑　黄　群　杜　琳
封面设计　吕宜昌
开　　本　650mm×960mm　1/16
印　　张　6.5
字　　数　30 千
版　　次　2010 年 2 月第 2 版
印　　次　2024 年 8 月第 4 次印刷

出版发行　吉林出版集团股份有限公司
地　　址　吉林省长春市福祉大路 5788 号
邮　　编　130000
电　　话　0431-81629968
电子邮箱　11915286@qq.com
印　　刷　三河市金兆印刷装订有限公司
书　　号　ISBN 978-7-5463-2315-2　　定　　价　35.00元

# 序 言

自 1995 年我国政府推出《全民健身计划纲要》以来，我国群众性体育活动蓬勃发展，取得了显著的成绩。2008 年，举世瞩目的北京奥运会的成功举办，极大地激发了亿万人民群众的体育热情，增强了全社会的体育意识，营造了浓厚的全民健身氛围。面对这样的可喜局面，群众体育科研、教学工作者应义不容辞地为社会实践服务，从不同角度思考，如何使普通百姓通过简而易行的身体锻炼方式、方法和手段达到良好的健身效果，达到拥有健康的目标，从而享受生活、享受快乐人生。该书系就是在这样的思想指导下诞生的。

本书系能够顺应国家体育的大政方针，掌握时代脉搏，对指导大众健身，使大众掌握健身方法和手段有很好的促进作用。

本书系图文并茂，实用性强，分为球类运动、体操健身运动、传统武术、冰雪运动、水上运动、体育舞蹈、休闲运动、格斗运动、民间体育活动和极限运动等十大类项目，计 100 分册，按照统一的体例，力争有所创新。每册的具体内容为该项目的起源与发展、运动保健、基本技术、运动技巧、比赛规则等，使读者在学习过程中，不仅能够学会运动健身的方法，同时还能够学到保健方面的基本知识。

　　经国务院批准，自 2009 年起，将每年的 8 月 8 日定为"全民健身日"。《全民健身项目指导用书》的出版，必将为开展全民健身活动起到积极的推动和指导作用。

# 目录 CONTENTS

# 目录 CONTENTS

附　录

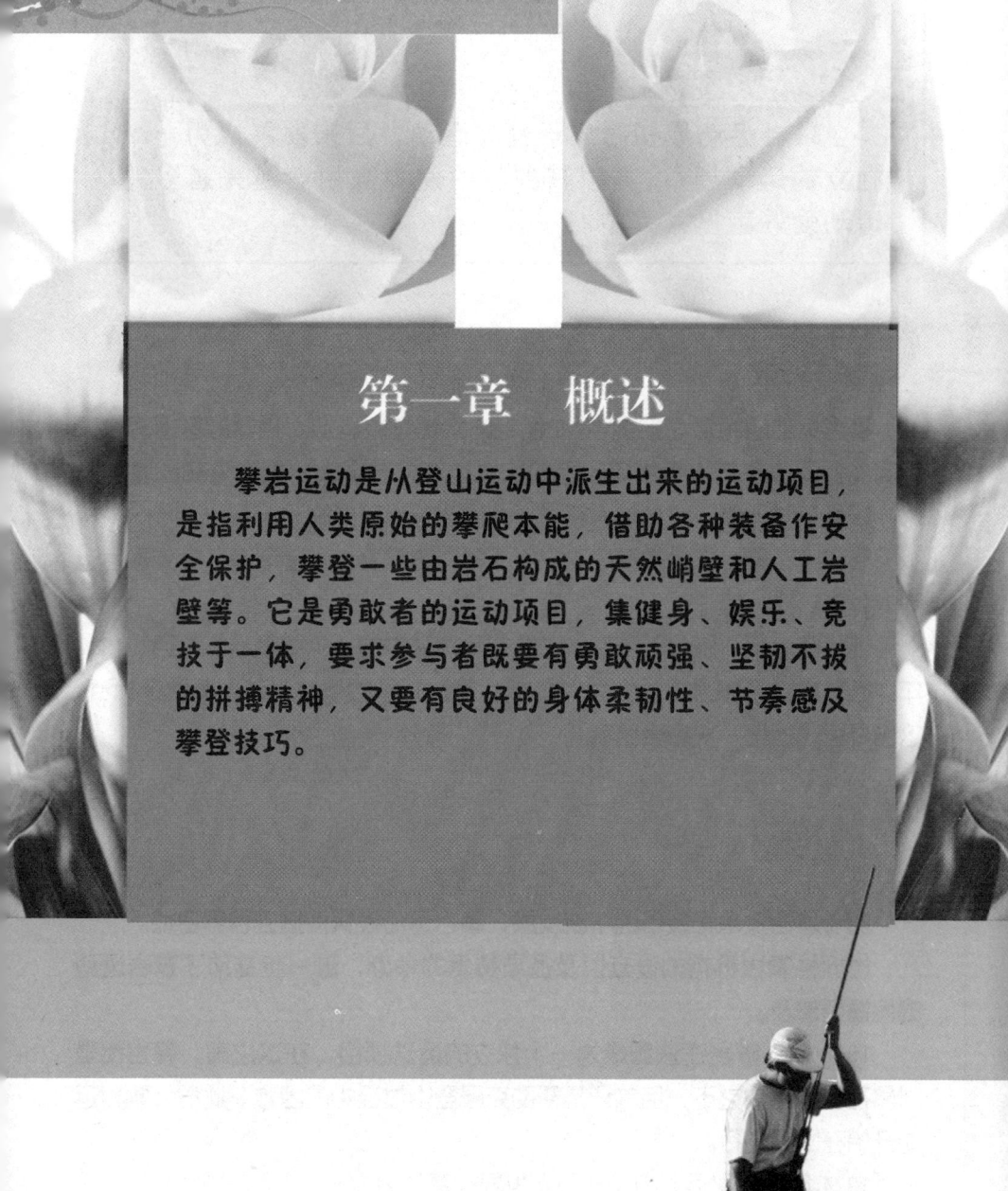

# 第一章　概述

　　攀岩运动是从登山运动中派生出来的运动项目，是指利用人类原始的攀爬本能，借助各种装备作安全保护，攀登一些由岩石构成的天然峭壁和人工岩壁等。它是勇敢者的运动项目，集健身、娱乐、竞技于一体，要求参与者既要有勇敢顽强、坚韧不拔的拼搏精神，又要有良好的身体柔韧性、节奏感及攀登技巧。

## 第一节

起源与发展

攀岩运动最初附属于登山运动，后来发展成为一个独立的运动项目，并以其独特的魅力吸引着越来越多的运动爱好者投身其中。

## 起源

攀岩运动的起源可追溯到 18 世纪的欧洲登山运动。当时的登山者为了克服类似阿尔卑斯山等终年积雪的冰岩地形，发展出一套有系统的攀登技术，只是那时无论在技术或者器材上都还相对比较简陋。

直到第二次世界大战前后，由于战争中的需要，才逐渐有了今天攀岩运动的雏形。

现代攀岩运动兴起于苏联，它最初是军队中的一个军事训练项目。1947年，苏联成立了攀岩委员会。1948 年，苏联在国内举办了首届攀岩锦标赛，这也是世界上第一次攀岩比赛。

发展

随着攀岩技术和装备的不断发展，攀岩运动很快传播到世界各地。

世界性攀岩机构的设立以及各项赛事的举办，进一步推动了攀岩运动的传播与普及。

1970 年，攀岩在法国成为一个独立的运动项目，在这之前，攀岩都是附属在登山活动之下，目的只是帮助克服登山过程中的困难。此后，攀岩运动开始在欧洲盛行。

1974 年，攀岩运动被正式列入世界比赛项目。

1976 年，苏联举办了首届国际攀岩比赛。

1980 年，法国开始举办各种形式的攀岩比赛。

1985 年和 1986 年，意大利成功举办了国际攀岩比赛。

1985 年，法国人弗兰西斯·沙威格尼发明了可以自由装卸的仿自然的人造岩壁。

20 世纪 90 年代初，室内攀岩赛事在欧洲一些国家逐渐兴起。为避免对环境造成不良影响，国际登山联合会规定，国际攀岩比赛必须在人工岩壁上进行。

1991 年，首届世界攀岩锦标赛在德国的法兰克福举行。

1992 年，首届世界青年攀岩锦标赛在瑞士的巴塞尔举行，吸引了众多的青少年参与这项运动。

为推动攀岩运动的有序发展，国际登山联合会决定放弃对竞技攀岩项目的管辖并支持成立一个独立的攀岩联合会组织。2007 年 1 月 27 日，国际竞技攀登联合会在德国的法兰克福成立。

## ▼ 机构与赛事

### ✿ 机构

国际竞技攀登联合会(IFSC)简称国际攀联，于 2007 年成立，前身为国际登山联合会下属的国际竞技攀岩委员会(ICC)，其成员国遍布五大洲。

中国登山协会成立于 1958 年，代表中国参加国际及亚洲的攀岩组织，并代表中国组队参加各类国际比赛。

### ✿ 赛事

(1)世界攀岩锦标赛，每 2 年一届；

(2)攀岩世界杯赛，每年一届；

(3)亚洲攀岩锦标赛，每年一届；

(4)全国攀岩锦标赛，每年一届。

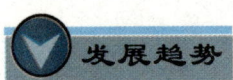
### 国内趋势

20 世纪 80 年代后期，攀岩运动传入我国。近几年来，我国多次举办全国性、国际性赛事。这些赛事的成功举行，逐步建立了我国攀岩比赛的商业运作模式，提升了中国攀岩的国际地位，更吸引了国内无数的运动爱好者投身其中。

在各种户外运动中，攀岩运动是最锻炼思维的极限运动，特别能够锻炼个人身体素质和促进大脑发展。目前，攀岩运动已经成为一项大众健身项目，无心脑血管疾病和类似病史的健康人均可参与此项运动。此外，我国拥有极其丰富的山峰和岩壁资源，攀岩运动未来的发展前景极为广阔。

### 国外趋势

在国外，攀岩运动是一项深受人们欢迎的运动项目，已经非常普及。在美国，从 20 世纪 90 年代开始，登山攀岩爱好者以每年 53％的速度剧增，在如此庞大的攀岩爱好者队伍中，每年仍有约 10 万名新成员加入。在法国，攀岩已成为与足球、山地自行车、滑雪等热门项目齐名的大众运动，政府为普及推广此项运动，还特别规定，中小学生必须进行为期一周的攀岩专业培训。此外， 攀岩运动近年来在发展中国家也得到了快速发展和推广。目前，攀岩运动已经开启了发展的新纪元。

## 第二节
### 场地和装备

攀岩运动具有很强的观赏性和艺术性，但具有一定的危险性，因此对场地、器材和装备都有一定的要求。高质量的场地是攀岩运动开展的前提条件，良好的装备是运动参与者高水平发挥的必要保障。

概述

# 场地

攀岩所需要的场地和其他竞赛场地不同，有着严格的条件限制。

## 类型

### 天然攀岩场

天然攀岩场是指天然形成的攀岩场地。

### 人工攀岩场

人工攀岩场是经过人工加工和修建后才能使用的，它要根据不同的使用人群进行修建。

### 室内攀岩场

室内攀岩场是指在室内的一面高墙上，人为地设置可以用于攀和蹬的附着物的攀岩场地。

## 设施

### 造型岩板

由于加工方法和使用的材料不同，造型岩板分为以下几种：

（1）木制岩板。此种岩板造价便宜，岩面变化比较丰富，但是防水性较差，不适合建在室外。

（2）复合材料岩板。此种岩板强度高、防水、阻燃、仿真性高、纹理自然、抗老化、造价适中，基本材料是玻璃纤维补以多元树脂，最大的优点是可以自由组合，如积木般组装成简单或是变化复杂的岩壁。

（3）硅铝合金岩板。此种岩板美观、强度高，除可平时作为攀岩练习外，也可作为比赛用的场地，还可以利用电动或油压装置，迅速调整岩板的倾斜角度来构成悬岩攀登面，但造价偏高。

（4）喷浆混凝土岩板。这种岩场是在造型确认后，先利用钢盘组成整个

岩场的骨架结构，再在其上覆上一层增加结构强度的钢网，最后再喷浆。待混凝土还未硬化时，由具有攀岩经验的技术人员，利用手工做出仿真岩石的表面，再打上最后固定点，锁上岩块即大功告成。喷浆岩场一旦完工就不能再做更动。它的设计也完全没有岩板组合的限制，造型可以天马行空地自由发挥，使得每一座喷浆岩场都是世上独一无二的艺术雕塑品。

### 岩壁支架

岩壁支架是由槽钢或钢管连接在一起组成的固定的主体结构。此部分为岩墙结构的重要组成部分。作为承载岩板的钢架也起着至关重要的作用。通常室外攀岩场在没有坚固建筑物依靠的情况下，必须根据岩场的高度做一定深度的地下基础部分，以确保整个岩壁的安全性。

### 岩壁支点

岩壁支点是攀岩者在人工岩场攀登过程中接触最多的物件，由于它是由岩块组成的，所以岩块的品质对整体岩场的优劣有很大的影响。岩块的形状各异，有方的、圆的和多角的。岩块是否坚固耐用，是否伤手，是否会松动，这些都应该事先加以注意。

## 装备

攀岩是一项具有一定危险性的运动，因此对装备的要求非常严格，装备的类型主要分为保护性装备和辅助性装备两大类。

## 保护性装备

### 动力绳

动力绳主要用于攀岩，直径 9.5～12 毫米，常用的为 10 毫米或 10.5 毫米，抗拉力 22～30 千牛，弹性系数 6%～8%。

### 静力绳

静力绳主要用于下降和探洞，直径 9.5～12 毫米，常用的为 10 毫米或 10.5 毫米，抗拉力 22～30 千牛，弹性系数约为 0。

### 安全带

安全带用于承载因攀登者脱落或下降而产生的重量和冲力。

运动前要分清安全带的上下、里外、左右，不可颠倒、扭曲，带子必须反扣回去，反扣的带子长度大于 8 厘米，穿好后须检查；攀登过程中不能解开安全带，装备挂环不用于任何形式的保护。

### 铁索

在保护系统中用于刚性连接，纵向拉力大于 20 千牛，横向拉力大于 7 千牛。

(1)丝扣锁，用于相对永久性的保护点；

(2)简易锁，用于临时性的保护点；

(3)保证纵向受力，丝扣锁在使用过程中要拧紧丝扣；

(4)尽量避免坠落，若坠落高度超过 8 米，并撞击到硬物，就要报废。

### 绳套

绳套在保护系统中用于软性连接。分类及性能指标：

(1)机械缝制，抗拉力达 22 千牛；

(2)手工打结，抗拉力随扁带(或圆绳)的性质及打结的方式不同而改变，很难达到 20 千牛。

### 下降器

在保护和下降过程中，通过下降器与保护绳之间产生的摩擦力，来减小操作者所需的握力。

分类：

(1)"8"字环类下降器："8"字环类下降器是最普遍的下降器，没有复杂的机械机关，因此在使用的过程中一般不会出现机械性故障，对所使用绳子的直径要求不是特别高；

（2）ATC类下降器：ATC类下降器的操作和"8"字环一样简单，绳索过锁后不容易发生变形；

（3）机械性制动类下降器：机械性制动类下降器的操作复杂，但可以自锁，并可通过用手调控自由绳端的方式来控制下降速度。

### ✿ 上升器

上升器用于单绳技术中的向上运动。根据不同的用手习惯，上升器分左式与右式两种。

### ✿ 头盔

头盔用于保护攀登者的头部，是攀岩运动的必备装备。

### ✿ 攀岩鞋

鞋底采用特殊的橡胶，摩擦力大，使用时应选择小号，这样能与脚成为一体，有利于用力。

### ✿ 防滑粉袋

防滑粉袋内装有碳酸镁粉末，用于吸收手上的汗液和岩壁表面的水分，以增大摩擦力。粉袋挂于腰后，双手可以随时蘸取。

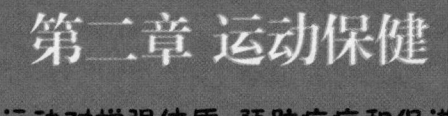

# 第二章 运动保健

　　体育运动对增强体质、预防疾病和促进健康具有良好的作用。但是，并非所有人从事相同的运动都会达到同样的效果。对于同一种运动负荷，不同人机体的反应差异是很大的，即使同一个体，在不同时期、不同机能状态下，对同一负荷的反应及效果也是不一样的。因此，对于不同个体，应制定适合其机能需要的运动强度、时间、频率和持续周期。从事体育锻炼一定要讲究科学性，使机体最大限度地获得运动价值，使某些疾病得到有效的防治。

## 第一节

### 自我身体评价

自我身体评价是指根据个体的不同情况以及简单的功能评定标准，对锻炼者进行身体评价，并以此为依据，确定具体的锻炼内容。

## 适宜人群

体适能是全身适应性的一部分，是人体精神和体力对现代生活的适应能力。为了促进健康，预防疾病，提高生活质量和工作学习效率，几乎所有人都可以追求健康的体适能，而且经过简单的评价和测试，均可以成为目标人群，即适宜人群。

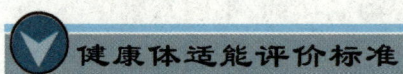
## 健康体适能评价标准

健康体适能是指身体有足够的活力和精力处理日常事务，而不会感到过度疲劳，并且还有足够的精力去享受休闲活动和应对突发事件。

健康体适能是确定锻炼者是否为运动适宜人群的主要依据。目前的评价标准主要包括国民体质测定标准、学生体质测定标准和普通人群体育锻炼标准等。

国民体质测定标准主要包括形态指标、机能指标和素质指标 3 个部分，各项指标的测定结果均为 1～5 分，共 5 个级别。凡各项指标达不到 4 分或 5 分者，均应被纳入健身人群。

学生体质测定标准分为优秀、良好、及格和不及格 4 个级别。优秀水平以下者，均应被纳入健身人群。

普通人群体育锻炼标准分为 5 个级别，凡达不到 4 分或 5 分者，均应被纳入健身人群。

简易运动功能评定

简易运动功能评定的目的在于确定运动对象有无运动禁忌症或临时运动禁忌的情况，即是否适合参加体育锻炼，以达到防备万一，避免意外事故发生的目的。目前通行的方式是3分钟踏台阶测试。

**目的**

测试锻炼者运动后心率恢复的情况，以评估其心肺功能。

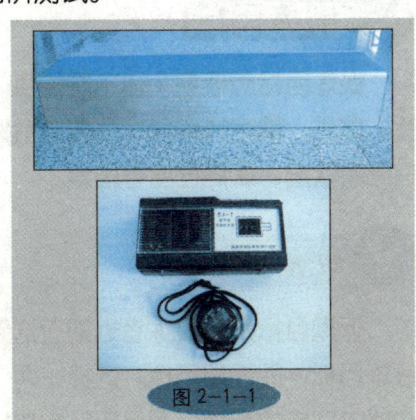
图 2-1-1

**器材** 见图 2-1-1

30 厘米高的长凳、节拍器、秒表和时钟。

**步骤** 见表 2-1-1

(1)节拍器设定为每分钟 96 次，锻炼者依"上上下下"的节拍运动 3 分钟。

(2)锻炼者完成 3 分钟踏台阶后，5 秒钟内开始测量其脉搏，时间为 1 分钟，记录其心率，并依据下表评价其功能水平。

(3)运动后心率越低，证明其心肺功能越好。在运动强度允许的范围内，锻炼者可选择运动强度的较高值来进行运动。

表 2-1-1　3 分钟台阶测试评价表

| | 年龄(岁) | 欠佳(次) | 尚可(次) | 一般(次) | 良好(次) | 优异(次) |
|---|---|---|---|---|---|---|
| 男士 | 18~25 | >115 | 105~114 | 98~104 | 89~97 | <88 |
| | 26~35 | >117 | 107~116 | 98~106 | 89~97 | <88 |
| | 36~45 | >119 | 112~118 | 103~111 | 95~102 | <94 |
| | 46~55 | >122 | 116~121 | 104~115 | 97~103 | <96 |
| | 56~65 | >119 | 112~118 | 102~111 | 98~101 | <97 |
| | 65+ | >120 | 114~119 | 103~113 | 96~102 | <95 |
| 女士 | 18~25 | >125 | 117~124 | 107~116 | 98~106 | <97 |
| | 26~35 | >128 | 119~127 | 111~118 | 98~110 | <97 |
| | 36~45 | >128 | 118~127 | 110~117 | 102~109 | <101 |
| | 46~55 | >127 | 121~126 | 114~120 | 103~113 | <102 |
| | 56~65 | >128 | 118~127 | 112~117 | 104~111 | <103 |
| | 65+ | >128 | 122~127 | 115~121 | 101~114 | <100 |

**注意事项**

如受试者经过努力仍无法完成测试，或出现头晕、胸闷、出冷汗等症状，应终止测试。运动中应特别考虑运动强度，以防出现意外。

## 锻炼目标

锻炼目标应根据个体不同的身体状况来确定，可分为近期目标和远期目标。此外，确定锻炼目标还应结合锻炼者的运动意向、愿望和兴趣以及本人的健康状况、疾病程度等因素。

### 近期目标

近期目标是指锻炼者近期应达到的目标。在进行运动之前，应首先明确锻炼目标，即近期目标。选择一两个健康体适能构成要素，作为未来两个月内努力完成的目标，而且应从成功概率较高的构成要素开始，并将预期两个月后要达到的目标做上记号，如提高某个或某些关节的活动幅度，增强某个肌肉群的力量等。

### 远期目标

远期目标是指锻炼者最终要达到的目标。实践证明，经过科学合理的锻炼后，锻炼者是可以达到一般的远期目标的，如提高心肺功能，使其达到优秀的等级，或达到降血脂、防治高血压和冠心病的目的等。

## 运动负荷

运动负荷即运动量。怎样控制运动量，合适的运动时间是多少等，一直是人们争论不休的问题。但有一点是可以肯定的，那就是任何有关身体活动的意见和建议，都需要综合考虑锻炼者的身体状况和所要达到的目标，并以此为依据来制订科学的身体锻炼计划。

## 运动强度

运动过程中，运动强度过小，达不到锻炼的效果；运动强度过大，不仅达不到最佳的锻炼效果，还可能产生一些副作用，甚至出现意外事故。确定运动强度有两种方法。

### 心率简易推测法

（1）年龄在 20 岁左右的年轻人，身体健康，能坚持体育锻炼，欲进一步提高身体机能，可取最大心率值（最大心率值 =220－年龄）的 65%～85%。

（2）年龄在 45 岁以下，身体基本健康，有运动习惯者，开始进行健身锻炼，可取最大心率值的 65%～80%，没有运动习惯者，开始进行健身锻炼，可取最大心率值的 60%～75%。

（3）年龄在 45 岁以上，身体基本健康，有运动习惯者，开始进行健身锻炼，可取最大心率值的 60%～75%，没有运动习惯者，建议根据自身情况咨询专业人员来指导和确定运动强度。

### 主观感觉疲劳分级表推测法　见表 2-1-2

运动的疲劳程度大致分为 10 级，具体为：0～1 级，没感觉；2～3 级，尚轻松；4～5 级，稍累；6～7 级，累；8～9 级，很累；10 级，精疲力竭。因此，健身锻炼的运动强度应控制在主观感觉疲劳程度的 4～7 级。

表 2-1-2　主观感觉疲劳分级表

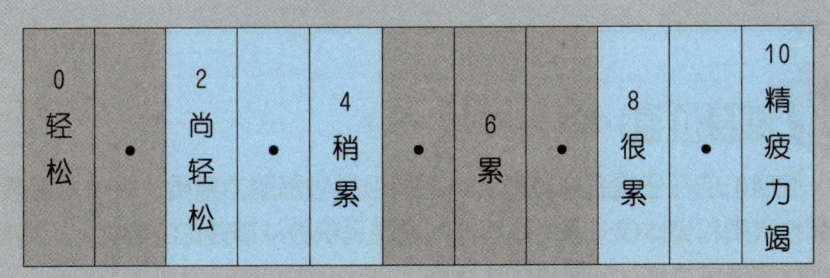

自我身体评价

## 运动频率

运动频率是指每日及每周锻炼的次数。一般每周锻炼 3～4 次，即隔日锻炼 1 次即可。有充足的休息时间，可使身体得到充分的休息，收到更好的锻炼效果。

## 运动持续时间

运动强度和运动持续时间，决定了一次锻炼的运动量和热量消耗。运动持续时间与运动强度成反比，运动强度大，运动持续时间可相应缩短，运动强度小，则运动持续时间应相应延长。

一般的健身锻炼，运动持续时间以每天 20～60 分钟为宜，其中包括准备活动时间、健身锻炼时间和整理活动时间。每次健身锻炼应在 20 分钟以上，锻炼可一次性完成，也可分段进行，但每段的活动时间应在 10 分钟以上。

# 第二节 运动价值

运动价值一直是人们探讨的问题，一般认为运动具有两方面的价值，即健身价值和心理价值。身体和精神的健康是相互依存的，伴随着身体功能的改善，精神状况逐渐也能同时得到改善。

## 健身价值

健身价值在于提高体适能。体适能包括心肺耐力素质、肌肉力量素质、柔韧性素质和身体成分等。体适能的发展是积极从事锻炼的结果，只有规律性的体育锻炼才能达到最佳的体适能。

**提高心肺耐力素质**

　　心肺耐力是指全身肌肉进行长时间运动的持久能力，是体内心肺系统对身体各细胞的供氧能力。人体的心脏、肺、血管、血液等组织的功能是心肺耐力的基础，它们与氧气和营养物质的输送以及代谢物的清除有关。健全的心肺功能是健康的基本保证。

　　系统的体育锻炼，可以使心肌增厚，收缩力加强，心室容积增大，从而使心脏的泵血功能增强，表现为心血输出量增加。

　　系统的体育锻炼，呼吸系统机能也将得到提高，表现为呼吸肌的力量增强、肺活量、肺通气量明显增加，保证对机体供氧的能力。

　　系统的体育锻炼，可以促进血管系统的形态、机能和调节能力产生良好的适应力，从而提高机体的工作能力。

　　系统的体育锻炼，可以使血液系统产生某些适应性变化，如血容量增加、血黏度下降、红细胞膜弹性增强和红细胞变形能力增强等。

 **提高肌肉力量素质**

　　肌肉力量是指肌肉最大收缩产生的对抗阻力或负荷的能力。肌肉力量只有达到一定的程度，才能克服外界阻力，而克服外界阻力是维持日常生活自理、从事各种劳动和运动的必要前提。

　　系统的体育锻炼，可以提高肌肉的生理横断面积，可以改善神经系统对肌肉收缩的支配功能，还可以提高肌肉内代谢物质的储备量，使肌肉力量得到提高。

 **提高柔韧性素质**

　　柔韧性是指人体各关节的活动幅度，即关节的肌肉、肌腱和韧带等软组织的伸展能力。柔韧性对于保证正常生活质量、维持正常体态、预防损伤发生和减轻损伤程度等方面均起到至关重要的作用。

　　系统的体育锻炼，还可以延缓因年龄因素而导致的柔韧性下降，预防因缺乏运动而导致的关节结构、周围软组织和膝关节肌肉退化，从而使锻炼者

的日常生活、劳动和运动等更加充满活力。

## 改善身体成分

身体成分是指人体体重中的脂肪组织和去脂组织的重量百分比。身体成分中的脂肪成分增加，肌肉成分必然下降。身体中不具备收缩功能的脂肪组织增加，必然导致身体进行各种活动的能力下降，基础代谢水平降低，肥胖症、冠心病、高血压、糖尿病、高血脂等慢性疾病发病率的提高。因此，身体成分是保证人体健康的重要内容之一。

通过系统的体育锻炼，随着锻炼者体质的增强，热量消耗便随之增加，进而燃烧掉体内多余的脂肪，使身体成分得到改善。而身体成分的改善，又可以减少体重对关节可能带来的不利影响，还可以使肥胖者的心理状况得到改善，增强其自信心，使其逐步建立起健康的生活方式。

## 心理价值

研究证明，有规律的体育锻炼不但可以使锻炼者增强体质、促进身体健康、预防一些慢性疾病，还可以提高锻炼者的生活满意度和生活质量，对其心理健康产生积极影响。

体育锻炼的心理健康效应主要表现在六个方面：

## 改善情绪状态

### 短期效应

研究发现，体育锻炼对人的情绪状态具有显著的短期效应。运动后人们的焦虑、抑郁、紧张和心理紊乱等症状会明显减轻，而精力和愉快程度则会明显增强。而且这种情绪的迅速变化，与锻炼者个体的健康状况、活动形式和活动强度等有着直接的联系。

### 长期效应

体育锻炼对人情绪的长期效应有着直接的影响，与不锻炼者相比，有规律的锻炼者在较长时期内很少会产生焦虑、抑郁、紧张和心理紊乱等情绪。

 **完善个性行为特征** 见表 2-2-1

　　人们的行为特征一般可以分为两种类型，用 A 型行为特征和 B 型行为特征来表示。A 型行为特征主要表现为性情急躁、争强好胜、容易激动、整天忙碌和做事效率高等。B 型行为特征主要表现为不好竞争、不易紧张、不赶时间、对人随和、喜欢自由自在等。具有 A 型行为特征的人由于过度紧张的情绪反应，会引起内分泌失调，增加心脏病发病的概率。目前的一些研究主要集中在体育锻炼对改变 A 型行为特征的作用方面。研究结果表明，有规律的体育锻炼能明显改变 A 型行为特征。

 表 2-2-1　A、B 型个性行为特征常见表现

| A 型行为特征者常见表现 | B 型行为特征者常见表现 |
| --- | --- |
| 约会从来不迟到 | 对约会很随便 |
| 竞争意识很强 | 竞争意识不强 |
| 别人要讲话时总爱抢先或插话 | 是别人讲话时很好的听众 |
| 总是匆匆忙忙 | 即使有压力也从不匆忙 |
| 等待时缺乏耐心 | 能够耐心等待 |
| 干事时全力以赴 | 处事漫不经心 |
| 同时想干很多事 | 在一段时间里只干一件事情 |
| 讲话喜欢用加强语气，甚至敲桌子 | 讲话语速缓慢、不慌不忙 |
| 做了好事希望能得到别人的认可 | 只要自己满意即可,不管别人怎样想 |
| 吃饭、走路都很快 | 做事情很慢 |
| 不善与人相处 | 为人随和 |
| 容易暴露自己的感情 | 能控制自己的感情 |
| 具有广泛的兴趣 | 没什么业余爱好 |
| 雄心壮志 | 满足于目前的工作和学习状况 |

 **确立良好自我概念**

　　自我概念是指个体对自己身体、思想和情感的主观整体评价，它由许多自我认识组成，包括我是什么人、我主张什么和我喜欢什么等。

　　坚持体育锻炼，可以使锻炼者体格强健、精力充沛、提高驾驭身体的能力，从而改善对自身的满意程度，确立良好的自我概念。

 **改变睡眠模式**

根据脑电图的显示，人的睡眠可以分为两种状态，即慢波睡眠状态和快波睡眠状态。前者为浅度睡眠状态，后者为深度睡眠状态。一夜之间两种睡眠状态会交替发生 4～5 次。

有规律的体育锻炼不仅对慢波睡眠有促进作用，而且能缩短入眠的潜伏期，并延长睡眠的时间。

 **改善认知能力**

体育锻炼还能改善人的认知过程，避免反应时间过长、注意力不集中和思维混乱等症状的发生，尤其对老年人的认知能力改善效果更为明显。

**增加心理治疗效应**

体育锻炼被公认为是一种心理治疗的好方法。目前人群中常见的心理疾患是抑郁症和焦虑症。研究发现，体育锻炼是治疗抑郁症的有效手段之一，抑郁症患者经过有规律的体育锻炼，抑郁症状能明显减轻。

体育锻炼还具有治疗焦虑症的作用，通过有规律的体育锻炼，可以使锻炼者的焦虑症状明显改善。

## 第三节

### 运动保护

在运动过程中，人体机能会随时发生变化。因此，应针对这种机能变化的特点来进行体育锻炼，也就是我们所说的运动保护。运动保护一般包括运动前准备、运动后放松和自我养护三个方面。

 **运动前准备**

准备活动是指在正式运动之前进行的有目的的身体练习。做好充分的

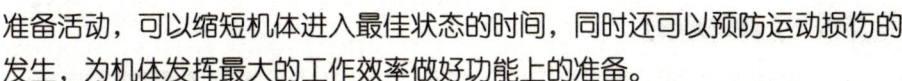

准备活动，可以缩短机体进入最佳状态的时间，同时还可以预防运动损伤的发生，为机体发挥最大的工作效率做好功能上的准备。

 **准备活动的作用**

### 提高中枢神经系统兴奋状态

(1)使大脑反应速度加快，参加活动的运动中枢神经相互协调。

(2)为正式运动时生理机能达到适宜程度提前做好准备。

### 提高机体代谢水平

(1)准备活动可以使锻炼者体温升高，降低肌肉黏滞性，使肌肉的伸展性、柔韧性和弹性增强，从而有效预防运动损伤的发生。

(2)准备活动可以增强体内代谢酶的活性，使物质代谢水平提高，以保证运动时有较充分的能量供应。

### 克服内脏器官生理惰性

(1)准备活动可以提高心血管系统和呼吸系统的机能水平，使肺通气量及心血输出量增加。

(2)可以使心肌和骨骼肌的毛细血管扩张，使其工作肌获得更多的氧，从而克服内脏器官的生理惰性，使之尽快达到最佳状态。

### 增加皮肤毛细血管的血流量

准备活动可以使皮肤毛细血管的血流量增加，运动后毛细血管扩张，有利于散热，降低体温，有效防止开始正式活动时由于体温过高而影响运动能力。

 **准备活动要求**

### 准备活动时间

(1)准备活动的时间可以根据运动项目的具体情况确定，一般以10～30分钟为宜。

(2)准备活动与正式运动的间隔时间，一般以不超过15分钟为宜，可以在做完准备活动后立刻进行正式运动。

##  准备活动强度

（1）准备活动的强度和量应较正式运动小，以免引起不必要的疲劳。

（2）准备活动的量可以由心率来决定，心率以100～120次／分为宜。

## ▼ 准备活动内容

### ✿ 一般性准备活动

一般性准备活动的内容多以伸展运动开始，然后进行一般性的跑步、徒手体操等活动。

下面介绍一套常用的一般性准备活动操，供锻炼者运动前使用。这套活动操主要包括头部运动、肩部运动、扩胸运动、体侧运动、体转运动、髋部运动和踢腿运动等。

### 头部运动

头部运动的动作方法（见图 2-3-1）：两手叉腰，两脚左右开立，做头部向前、向后、向左、向右，以及绕环运动。

图 2-3-1

运动保健

### 肩部运动

肩部运动的动作方法（见图 2-3-2）：
手扶肩部，屈臂向前、向后绕环，以及
直臂绕环。

### 扩胸运动

扩胸运动的动作方法（见图 2-3-3）：
屈臂向后振动及直臂向后振动。

### 体侧运动

体侧运动的动作方法（见图 2-3-4）：
两脚左右开立，一手叉腰，另一臂上举，
并随上体向对侧振动。

### 体转运动

体转运动的动作方法（见图 2-3-5）：
两脚左右开立，两臂体前屈，身体向左、
向右有节奏地扭转。

### 髋部运动

髋部运动的动作方法（见图 2-3-6）：
两脚左右开立，两手叉腰，髋关节放松，
向左、向右 360 度旋转。

图 2-3-2

图 2-3-3

### 踢腿运动

踢腿运动的动作方法（见图 2-3-7）：两臂上举后振，同时一腿向后半步，重心置于前腿，两臂下摆后振，同时向前上方踢腿。

图 2-3-4

图 2-3-5

图 2-3-6

图 2-3-7

专门性准备活动的动作方法、节奏和强度等与正式锻炼相似，目的是使人体主要肌群在运动前得到动员，为正式锻炼做好准备。

# 运动后放松

运动后放松是指运动之后所进行的一些能够加速机体功能恢复的、较轻松的身体活动。与运动前准备活动相反，其目的是使锻炼者的生理机能水平逐步得到恢复。

## 放松方法

### 运动性手段

（1）运动结束后，锻炼者可采用变换运动部位的方法来消除疲劳，如上肢出现疲劳时可做一些慢跑运动，下肢出现疲劳时可做一些上肢运动。

（2）转换运动类型也是一种不错的放松方法，如打羽毛球出现疲劳时，可从事瑜伽运动来达到放松的目的。

（3）还可以用调整运动强度的方法来缓解疲劳，如可以在放松过程中，采用小强度的轻微运动方法等。

### 整理活动　见图 2-3-8

（1）整理活动是指运动后所做的一些能够加速机体功能恢复的身体活动，如剧烈运动后进行 3～5 分钟慢跑或其他整理活动，使身体机能得以恢复。

（2）剧烈运动后如不做整理活动而骤然停止动作，会影响氧气的补充和静脉血的回流，使机体血压降低，引起不良反应。

图 2-3-8

**注意事项**

（1）在进行整理活动时动作应缓慢、放松，运动量不要过大，否则会引起新的疲劳。

（2）在进行整理活动时，应当保持心情舒畅、精神愉快。

**自我养护**

锻炼后，锻炼者感觉身体疲劳是一种正常的生理现象，是体育锻炼过程中的正常反应，随着体育锻炼时间的延长，疲劳症状会自然消失。运动性疲劳出现后，锻炼者如果采用一些自我养护措施，可以加速身体机能的恢复，尽快消除疲劳，提高锻炼效果。常见的自我养护方法主要包括运动后休息、合理营养和物理手段等三种。

**运动后休息**

 见图 2-3-9

（1）静止性休息是指锻炼者运动后保持机体相对的静止状态，以促进身体机能的恢复，尽快消除疲劳。

（2）静止性休息的最佳方式之一是睡眠，特别是刚开始从事锻炼者，身体不适应或疲劳症状明显时，更应该保证足够的睡眠，否则，锻炼者虽然积极参加了体育锻炼，但收效甚微，甚至会导致过度疲劳症状的发生。

（3）静止性休息更适合于消除全身运动导致的整体疲劳症状。

图 2-3-9

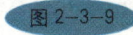 **积极性休息** 见图 2-3-10

（1）积极性休息更适合由于少量肌肉群参与工作而导致的局部疲劳，或运动强度较大而导致的快速疲劳。

（2）积极性休息可以加速血液循环，有利于代谢物排出体外，对促进身体机能的恢复具有明显的效果。

图 2-3-10

### 合理营养 见图 2-3-11

小强度、长时间的运动形式，主要是靠糖原的有氧代谢提供能量。运动后应及时补充淀粉类食物，如面粉、大米等，以促进消耗糖原的合成。随着人民生活水平的提高，在饮食结构中，肉类食品的比重不断增加，而淀粉类食品的比重逐渐减少，这一现象应当引起人们的注意，特别是老年人参加体育锻炼，更应注意对淀粉类食物的补充。

图 2-3-11

强度较大、时间又相对较长的运动形式，主要是靠糖原的无氧代谢提供能量。这样，糖原无氧代谢产物——乳酸便会在体内大量堆积。因此，运动后应多补充蔬菜、水果等碱性食品，以加速乳酸的清除，达到尽快消除疲劳的目的。

## 物理手段

按摩及牵拉 见图 2-3-12

（1）通过刺激神经末梢、皮肤结缔组织和毛细血管的按摩方法，可以使紧张的肌肉得以放松，从而改善局部组织和全身的血液循环，达到促进身体机能恢复的目的，这种方法可以在锻炼后马上进行。

（2）此外，还可以采取缓慢牵拉肌肉的方法，使收缩的肌肉得到充分的伸展放松。

### 水疗及电疗

（1）水疗包括芬兰式蒸汽浴、热水浴和桑拿浴等多种形式，主要作用是通过提高体温，促进血液循环，清除代谢物，以达到尽快消除疲劳、恢复体力的目的。

（2）水疗的时间一般以不超过 30 分钟为宜，如果时间过长，会进一步消耗体力，严重时甚至会出现暂时性脑缺血现象。

（3）如果条件允许，还可对疲劳的肌肉进行低频治疗。低频治疗仪的原理是模拟针灸疗法，使用时将电极用不干胶对称地粘贴在运动部位表皮上。这种疗法可以促进局部血液循环，改善组织代谢，缓解肌肉酸痛，消除疲劳。

图 2-3-12

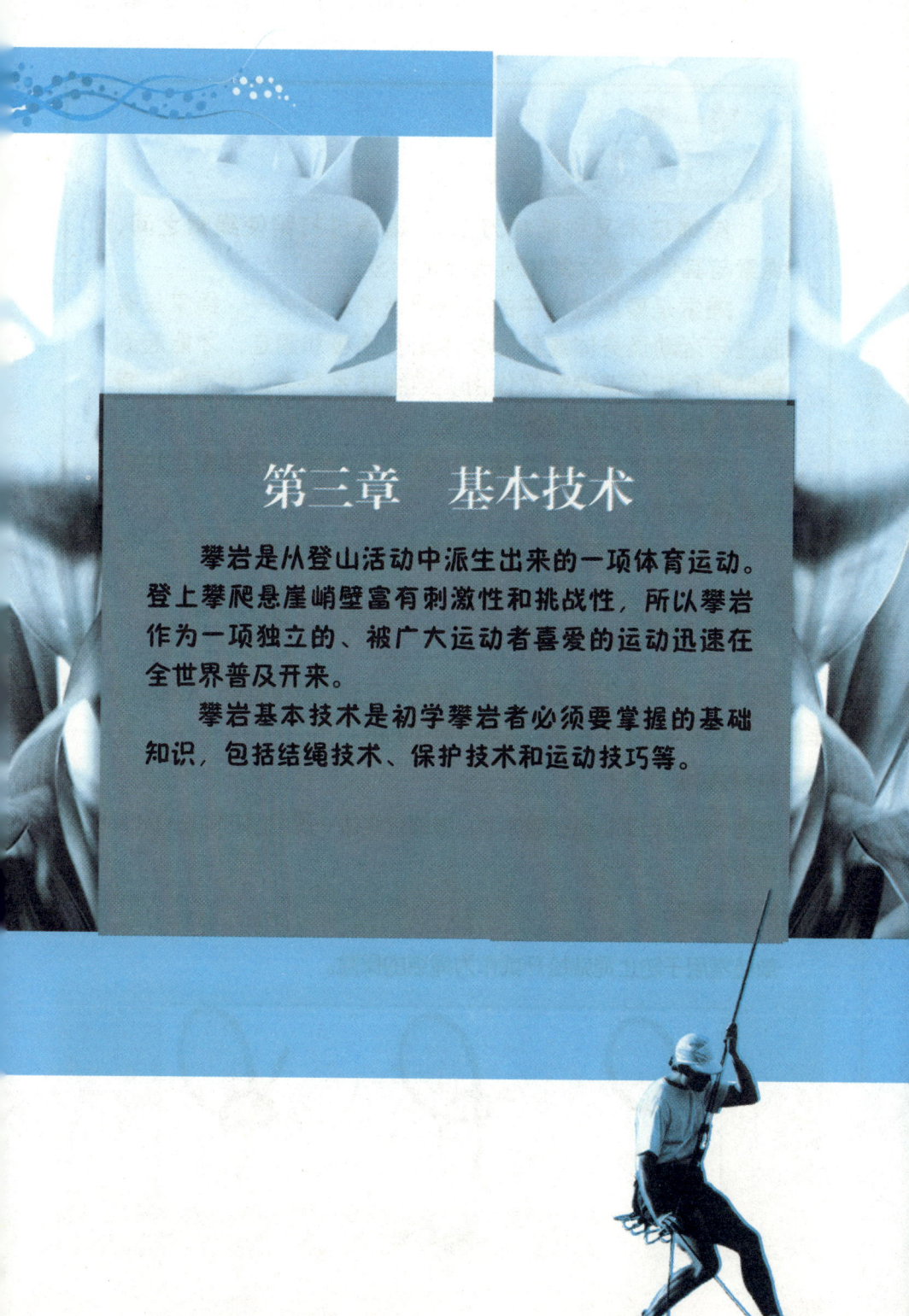

# 第三章　基本技术

　　攀岩是从登山活动中派生出来的一项体育运动。登上攀爬悬崖峭壁富有刺激性和挑战性，所以攀岩作为一项独立的、被广大运动者喜爱的运动迅速在全世界普及开来。

　　攀岩基本技术是初学攀岩者必须要掌握的基础知识，包括结绳技术、保护技术和运动技巧等。

## 第一节

## 结绳技术

　　结绳技术又称结绳方法,是指通过打结使绳索之间、绳索与其他装备之间相互连接的方法。

　　绳索是攀岩过程中的最重要技术装备之一。绳索只有通过与运动员身体或其他物体相互连接和固定,才能起到辅助进行和保证安全的作用。结绳技术是否运用得当,直接影响绳索使用的质量和效果。

　　结绳技术包括基本绳结、连接安全带、连接固定点和绳间连接等。

　　单结是一种极有用的基本绳结,又称为交腕结或拇指结,常在绳头、绳尾使用,是所有结中最容易打且体积最小的结。

**打结方法** 见图3-1-1

　　将绳一端从右下方压在绳体上,绳端绕绳体一周后自右向左从绕绳处左扣中穿出。

**技术要点**

　　单结常用于防止绳端松开或作为绳结的保险。

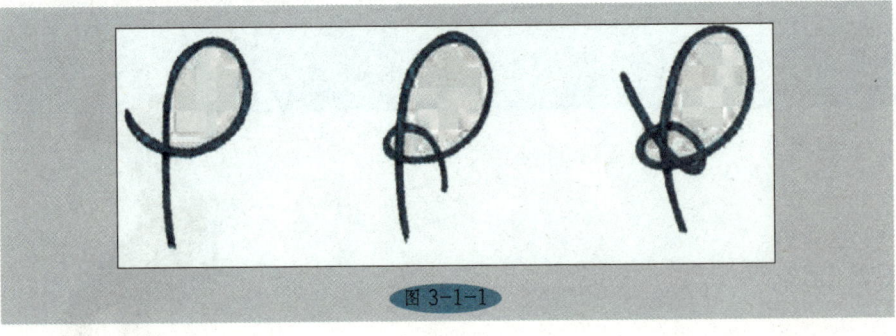

图3-1-1

## 连接安全带

攀岩运动中，经常需要连接安全带，根据不同的要求可以结不同的结，包括双"8"字和布林结等。

### 双"8"字结

**结绳方法** 见图 3-1-2

将绳对折，完整一端从右下方压在绳体上，绳端绕绳体一周后自下而上从上扣中穿出。

**绳结适用**

双"8"字结常在先锋攀岩时使用，特点是方便、结实，但打结时需要注意的是绳结不能太大。

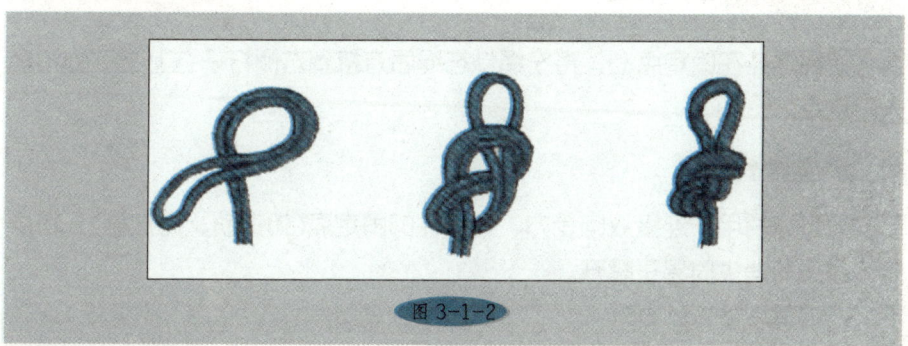

图 3-1-2

### 布林结

**结绳方法** 见图 3-1-3

将绳一端从右至左压在绳体上，自下而上从扣中穿出后，从右下绕绳体一周后再自上而下从原扣中穿出，并将绳端拉紧。

 **绳结适用**

布林结常在攀登中顶绳连接时使用。特点是方便快捷，但不受力时容易松动或完全脱开。

图 3-1-3

## 连接固定点

 **打结方法** 见图 3-1-4

把绳体挂在固定点上，将左绳从右绳后方拉到右侧打一右上左下的扣套入固定点。

 **绳结适用**

双套结常用于连接双向受力、开放性的固定点（如铁锁、树桩等），特点是绳端负荷消失时易于解开。

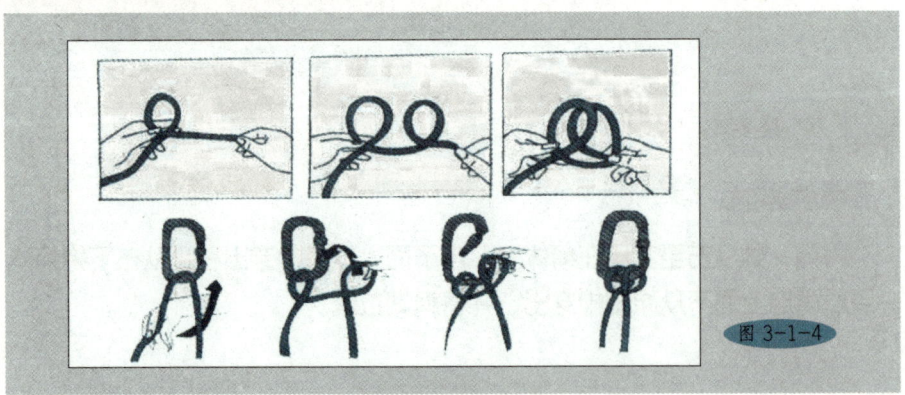

图 3-1-4

基本技术

032

绳间连接

绳间连接的技术比较多，可以根据不同的用途使用，包括"8"字结、水结、渔人结、交织结、平结、爪结和阿尔卑斯蝴蝶结等。

**结绳方法** 见图3-1-5

（1）将绳端从左至右上压绳体，从绳体下方绕绳一周后，由左到右从扣中穿出；

（2）反"8"字节即绳端从右至左上压绳体，从绳体下方绕绳一周后，由左到右从扣中穿出；

（3）对穿"8"字结则是由两个同向"8"字结相套而成。

**绳结适用**

"8"字结常在连接主绳及安全带时使用。

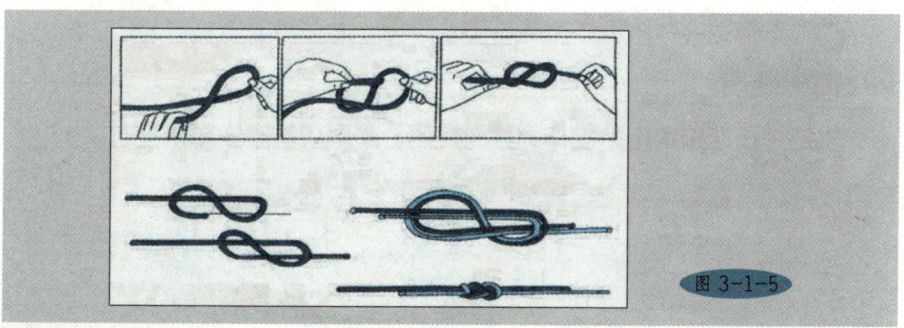

图3-1-5

 渔人结

**结绳方法** 见图3-1-6

（1）将一根绳子绳端在下方由左至右绕绳体一周后从扣中穿出；

（2）另一根绳子的绳端由右至左从第一根绳子结的扣中穿入，并绕第一根绳子绳体结一个相同的扣；

（3）最后将两根绳子的绳体同时拉紧成结。

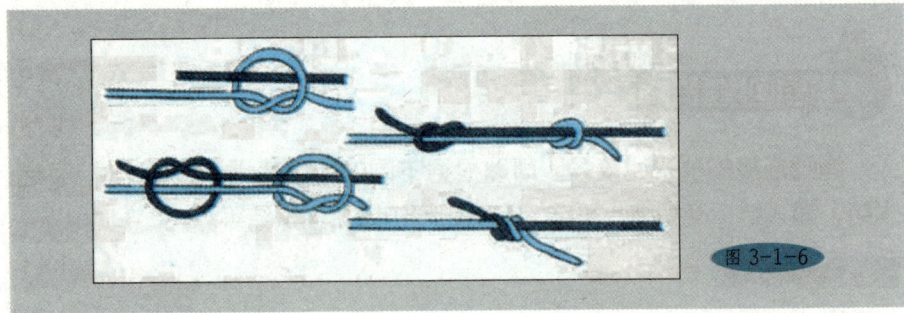

图 3-1-6

❄ 绳结适用

(1)渔人结常在连接直径相同且小于 8 毫米的圆绳制作绳套时使用；

(2)绳尾留 3 厘米左右，最好用胶布缠上，实用的多为双渔人结。

## 水结

❄ 结绳方法　见图 3-1-7

将一条扁带的两头绑在一起即成了带圈。

❄ 绳结适用

水结常在连接扁带，制作绳套时使用。绳尾应留出 3 厘米左右。

图 3-1-7

 **交织结**

见图 3-1-8 **结绳方法**

（1）使粗绳弯曲呈"U"字形，将细绳绳体置在粗绳上方；

（2）绳端从右至左在粗绳下方绕粗绳一周后，压住细绳体从粗绳右端下穿出，并拉紧两绳。

**绳结适用**

交织结常在连接两条粗细不同的绳子时使用。

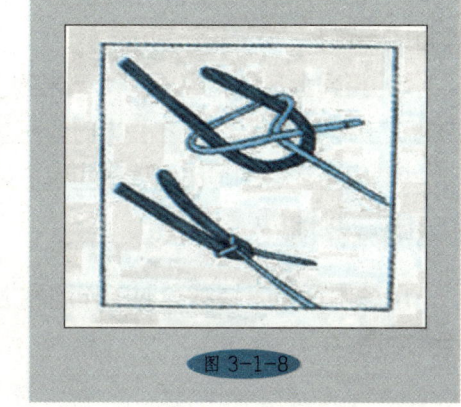

图 3-1-8

 **平结**

见图 3-1-9 **结绳方法**

两绳交叉缠绕两扣，分别将两绳居于下方一段拿起打结，使同一根绳子两端的穿出方向相同，然后将绳子拉紧。

**绳结适用**

平结常在连接两条粗细相同的绳子或连接绳套增加整体长度时使用。

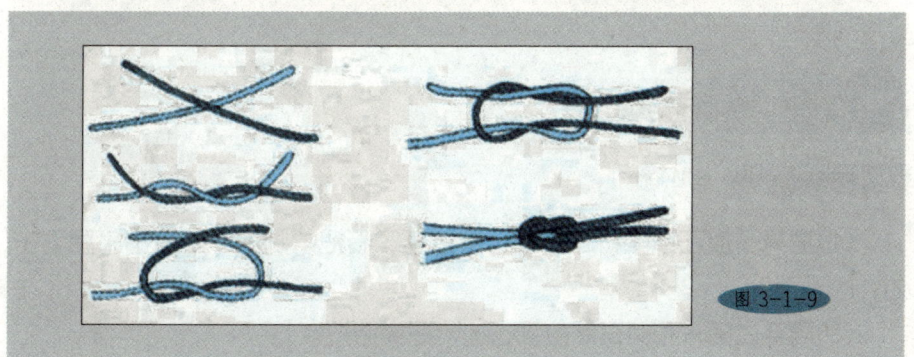

图 3-1-9

结绳技术

 爪结

 结绳方法 见图 3-1-10

（1）先用双渔人结将一条直径 5～6 毫米，长 35～40 厘米的菊绳的两端连接成绳套；

（2）将绳套放在直径 9～11 毫米的主绳后面用来代替上升器，当爪结受力时在主绳上会被卡住，不受力时可在主绳上上下移动；

（3）应当注意的是爪结绳子应较主绳细、软，否则会影响效果。

绳结运用

爪结用在沿主绳攀登时的作用和上升器一样，另外用在沿绳下降时可作保险用。

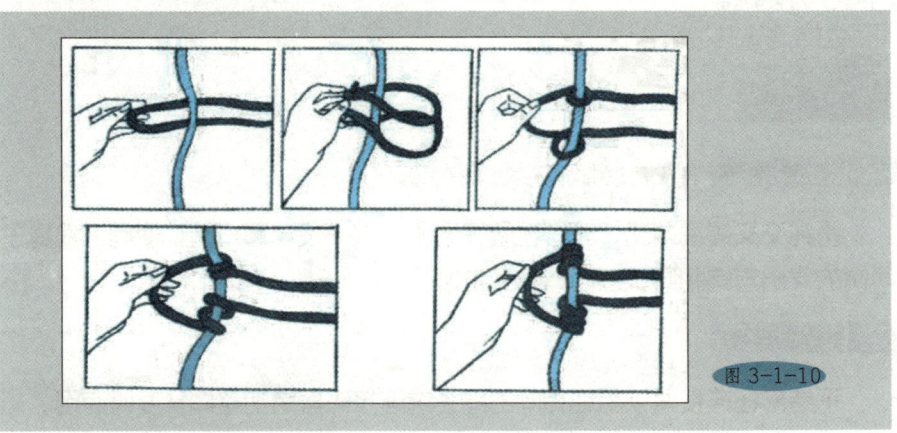

图 3-1-10

阿尔卑斯蝴蝶结

结绳方法 见图 3-1-11

（1）把绳子放在掌中打三个圈，穿过第三圈把中间的绳圈拉出来翻到左边；

（2）再穿过第一和第三圈拉到右边，把绳结拉紧。

阿尔卑斯蝴蝶结简称蝴蝶结，在结组行进中，用于绳子中段，方便中间队员用主锁扣连系安全带或装设路绳时用绳的中段连接保护站。

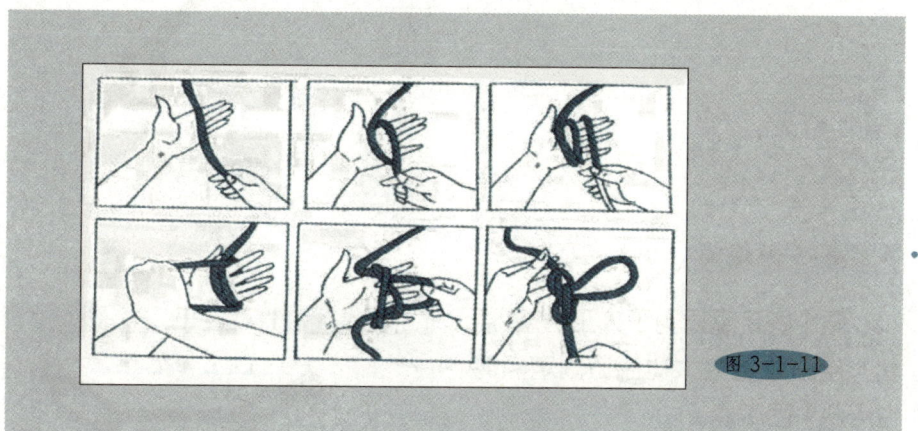

图 3-1-11

## 第二节

### 保护技术

保护技术是指根据岩壁条件,运用相应的保护装备进行的各种安全操作程序和问题解决方法,包括保护点设置和保护方法等。

保护点设置

顶点设置

顶点设置的方法包括一个固定点、两个固定点和三到四个固定点等。

### ❄ 一个固定点 见图 3-2-1

一个固定点仅适用于人工岩壁（条状），绳套的使用方法较普遍。

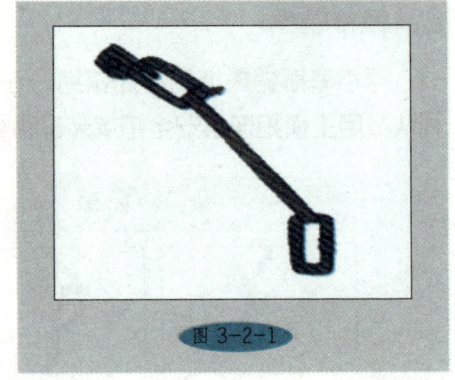

图 3-2-1

### ❄ 两个固定点 见图 3-2-2

两个固定点适用于人工岩壁（点状），用膨胀锥或大树制造固定点时也用两个固定点。

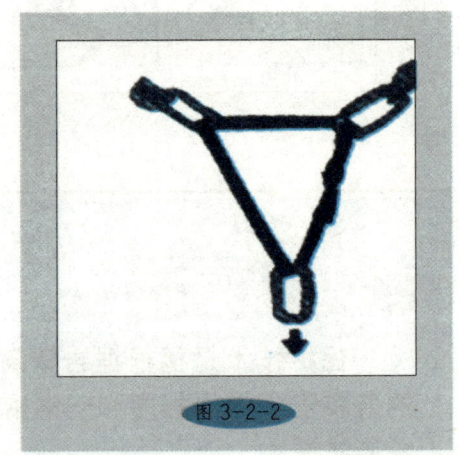

图 3-2-2

### ❄ 三到四个固定点 见图 3-2-3

当使用岩锥、机械塞、螺钉等，利用岩壁裂缝制造固定点时，至少需要三个点均匀受力才是安全的，有时还需要有四个点。

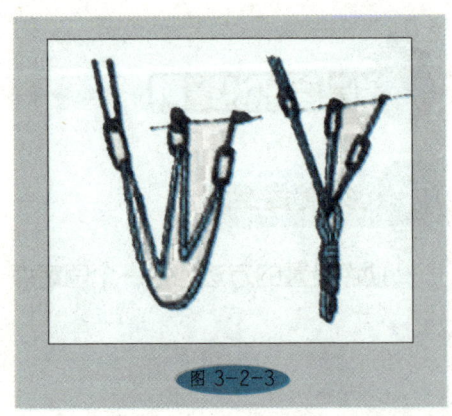

图 3-2-3

 **中间点设置**

中间点的设置分为竞技攀登路线和非竞技攀登路线两种情况。

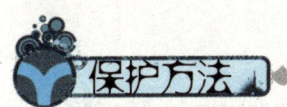 见图 3-2-4

在竞技攀登路线中，中间点的设置方法是：人工岩壁用挂片，自然岩壁用膨胀锥。

在非竞技攀登路线中，中间点的设置可以利用裂缝、树木、石桥、犄角状岩体等，可使用的装备有岩锥、机械塞、螺钉等，具体设置要根据岩壁的特点选择最合适的装备，其成功率很大程度上依赖于攀登者的经验，以及不断实践。

图 3-2-4

保护技术

## 保护方法

保护方法是根据自己所处不同位置，而采取的合理有效的手段进行自我保护的方法，包括上方保护法和下方保护法两种。

图 3-2-5

**上方保护法**

**动作方法** 见图 3-2-5

（1）选择最佳的位置和站立姿势；

（2）任何时间都有一只手紧握通过下降器的绳子；

（3）拉绳子时，双手要协调配合，缓慢均匀用力；

（4）攀登者要集中注意力，应有一定的预见性。

 **技术适用**

上方保护法常在将保护点设置在路线顶部时使用，特点是安全性很高，适用于训练或初学者攀爬。

## 下方保护法

**动作方法** 见图 3-2-6

（1）任何时间都有一只手紧握通过下降器的绳子，绳子要根据攀岩者的需要随时收放，松紧度适中；

（2）时刻关注攀岩者的动作，应有一定的预见性，可能会出现危险时，应及时给予提醒；

（3）攀登者脱落时，不要立刻收紧绳子，而应给予一定的缓冲过程。

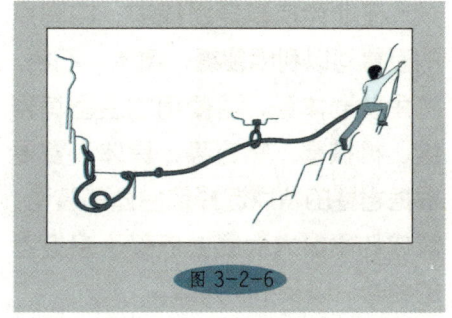

图 3-2-6

**技术适用**

下方保护法常在先锋攀登时使用，保护点之间的距离根据需要而定，一般起步时距离较近（1.5～2 米），离开地面 5～6 米后可适当加长到 3 米甚至更长。

## 第三节

## 运动技巧

　　运动技巧是指，在做一个动作或一套动作时，通过平衡和体位来高效能地使用自身的能量。攀岩的运动技巧包括脚部动作、手部动作、复合技巧、扣锁技巧和下降等。

### 脚部动作

　　大多数攀登运动都是由脚和腿来完成的，尽可能地把重量分配在脚上，对攀登者更有利。脚部动作包括摩擦、前点攀登、踵钩、侧移、脚趾钩、膝盖栅、旗式、落膝、脚的转换和茎干式(桥梁式)等。

 **摩擦**

　　**动作方法** 见图 3-3-1

　　摩擦是指利用岩石鞋与岩壁形成的合理角度所产生的短暂稳定，使身体向上或向左右移动。

　　**技术运用**

　　(1)摩擦不是踩在小突点上，而是鞋底的一大部分压在岩面上尽量产生摩擦力，在圆滑的点上须用到；

　　(2)这种技巧比较难，而且要有信心才能在脚上多用力而让手省些力，越用力摩擦力越大，越稳；

图 3-3-1

（3）攀爬岩面时最好用涂抹的方法，尽可能大面积的接触岩石。

前点攀登

**动作方法** 见图 3-3-2

前点攀登是用鞋正前尖和鞋尖内侧边（拇趾）踩踏支点的方法，关键是抬高后脚跟，增大脚尖对支点的压力来增加摩擦力。

**技术运用**

（1）可以进行前点攀登的地方很多，包括不规则的地方，粗糙的地方和那些缺口和凹处，可以在小岩石上用脚趾，或者在岩石中放置极小的岩钉；

（2）需要注意的是在那些很小的地方前点攀登时，脚跟必须保持相当的高度。

图 3-3-2

踵钩

**动作方法** 见图 3-3-3

踵钩为攀岩基本技术中"挂"的方法之一，主要是指用脚跟挂住岩面凸起或下凹处以维持身体平衡或使身体移动。

**技术运用**

（1）该技术的目的是试图把脚作为另一只手来用；

图 3-3-3

（2）这样的动作一般是在斜面上，一般是把鞋后跟放在一些合适做这样动作的支点上，通常情况下，脚的前部是被顶住的，脚的后跟是被挂住的；

（3）做这个动作的时候，抬起脚，胸部尽量弯曲直至脚能够挂到那个支点上。

**动作方法** 见图3-3-4

侧移即从岩壁一侧移到另一侧。

**技术运用**

可使用登山靴的里侧和外侧站在小的凸出岩石上，侧移时应注意重心的转换。

图3-3-4

**动作方法** 见图3-3-5

脚趾钩也是"挂"的方法之一，主要是指用脚尖挂住岩面凸起或下凹处，以维持身体平衡或使身体移动。

**技术运用**

这项技巧主要用来保持攀登者的平衡，可以减轻手的承重，但是很少用来向上攀登。

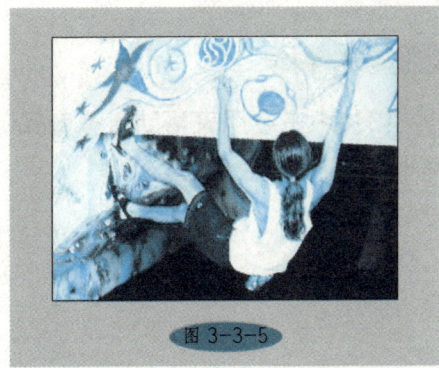

图3-3-5

 膝盖栅

 **动作方法** 见图 3-3-6

　　将膝盖弯曲，作为支撑点顶住岩壁。

**技术运用**

　　这项技术主要在休息和扣装备时使用。

图 3-3-6

 旗式

**动作方法** 见图 3-3-7

　　（1）身体贴向岩面，重心调节主要由推拉腰胯和腿平衡来达到；

　　（2）将一条腿横向伸出，利用腿脚的重量来平衡身体。

**技术运用**

　　该技术主要用来帮助攀登者保持平衡而不是向上攀登。

图 3-3-7

落膝

膝盖弯曲下沉。

技术运用

这项技巧给登山者脚部反方向
的力，可以充分利用身侧的小岩石
完成该动作。

图 3-3-8

运动技巧

脚的转换

动作方法 见图 3-3-9

（1）在保证平稳的条件下，不增
加手上的负担，以从右脚换到左脚
为例，先把左脚提到右脚上方，右
脚以脚在支点上最右侧为轴逆时针
（向下看）转动，把支点左侧空出来，
体重还在右脚上，左脚从上方切入，
踩点，右脚顺势抽出，体重过渡到
左脚；

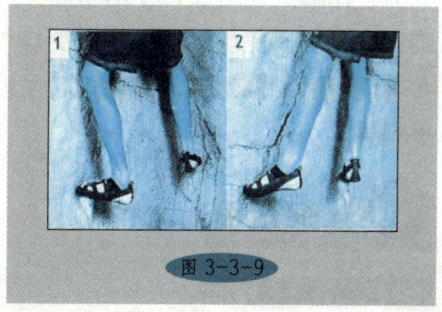

图 3-3-9

（2）动作连贯起来，就像脚底抹了油一样，右脚从支点滑出，左脚同时
滑入，体重一直由双脚负担，手只用来调节平衡。

技术适用

该技术动作可以改变移动的方向或者在"Z"字形攀爬时进一步地移动脚步。

## 茎干式(桥梁式)

动作方法 见图 3-3-10

在岩面交汇处，可双脚对称支撑、交替用力，保持平衡并向上攀爬。

技术适用

该技术是允许攀登者休息或者从小的支撑点上得到支持并向上攀爬的技巧之一，经常在如打开的书般的岩壁裂缝中使用。

图 3-3-10

## 手部动作

手比脚灵活得多，手指可以张开、弯曲、合拢和捏挤，产生大量可能的组合，几乎和可能的支撑点的种类一样多。手部动作包括掐捏抓法、靠手掌(前指节)摩擦抓住、侧拉、反抠、弯曲、手掌挤塞、手指挤塞和拳头挤塞等。

## 掐捏抓法

动作方法 见图 3-3-11

掐捏时大拇指捏的方向应与手指抓的方向相对，压的方向与四指的方向呈 90 度角。

**技术运用**

（1）当一个支点的形状没有可把住的边，而且只能靠你手指的摩擦力时，大拇指的一个轻捏，可能会增加握点的可靠性，比侧拉或弯曲有效；

（2）当支点很小时，只能用拇指和食指的第二关节外侧去掐捏。

图 3-3-11

## 靠手掌（前指节）摩擦抓住

**动作方法** 见图 3-3-12

用支点的边缘或某些点的小洞支撑手指的第二关节，手掌平坦地靠在岩面上。

**技术运用**

（1）做该技术动作时手指应与支点充分接触，整个手掌不用紧握支点，大拇指的作用一般较小；

（2）如果支点是倾斜的，那么大拇指可以与其他手指捏住该点。

图 3-3-12

 反抠

**动作方法** 见图 3-3-13

一般情况下，当你手掌朝上，向上抓点时，都是反抠的动作，这种抓点动作经常用来维持平衡。它是通过手与手之间的反作用来实现的。

**技术运用**

该技术动作是向上移动的最有效方式，注意把脚抬高，需要注意的是在反抠时，手要尽可能伸到支点的背后。

图 3-3-13

 弯曲

**动作方法** 见图 3-3-14

（1）一种方法是手指弯曲，即关闭式弯曲；

（2）另一种方法是手指合拢，即开放式弯曲。

**技术运用**

这里要弯曲手指来抓住岩石的边缘。如果把拇指和其他手指合拢抓力会更大。

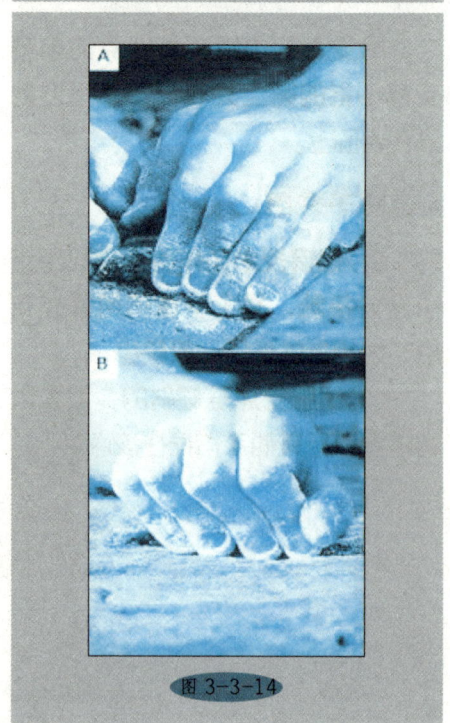

图 3-3-14

## 手掌挤塞

 **动作方法** 见图3-3-15

将手掌插入垂直的石缝中，可以作成结实的安全抓点。

**技术运用**

（1）将手弯成杯状插入石缝，可以发挥较大的力量；

（2）充分利用大拇指，不管是在手指内侧还是外侧；

（3）在插入石缝时大拇指可以向上也可以向下。

## 手指挤塞

**动作方法** 见图3-3-16

堆叠手指，或者把几个手指一个叠在一个上面，插入一个垂直的石缝，也可以作成结实的安全抓点。

**技术运用**

（1）如果必要的话可以通过弯曲手指来绷紧手指，使其更适合岩缝；

（2）经常使用大拇指抵住岩缝边缘能增强抓力。

图3-3-15

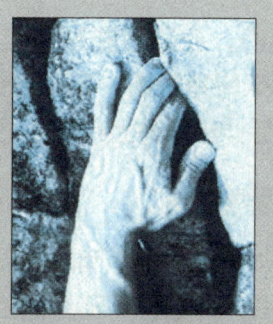

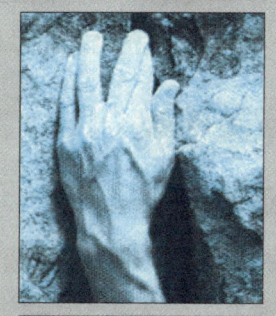

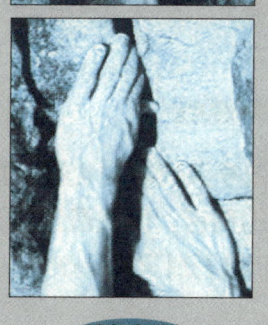

图3-3-16

运动技巧

 侧拉

图 3-3-17

**动作方法** 见图 3-3-17

（1）身体侧向岩壁，以身体对侧手脚接触岩壁，另一只腿伸直用来调节身体平衡，靠单腿力量把身体顶起，抓握上方支点；

（2）以左手抓握支点不动为例，身体朝右，左腿弯曲踩在支点上，右腿用来保持平衡，左腿蹬支点发力，左手伸出抓握上方支点。

**技术运用**

当一个支点的方向为竖直方向或接近竖直方向，但又很难用手从支点的上面往下垂拉时，应用侧拉技术，它能极大地节省上肢力量，通过把身体向抓处外斜来发挥最大的力。

**拳头挤塞**

**动作方法** 见图 3-3-18

紧握拳头，不管大拇指是在拳内还是拳外，结实地夹在适当宽度的石缝中。

**技术运用**

在做拳头挤塞时犹犹豫豫会引起更多的痛苦，所以握好拳头后拼命将它挤进石缝来确保安全。

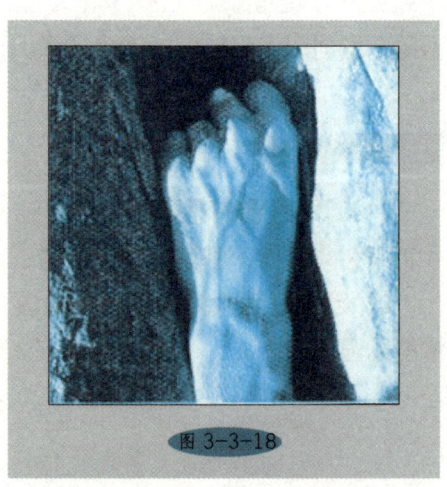

图 3-3-18

## 复合技巧

虽然为了更加方便和清晰的将手和脚的技巧分别讨论，但在实际应用中，它们往往会在一起联合使用来达到最终的目的。复合技巧有后仰式攀登法、斗篷架式攀登法、茎干式（架桥式）攀登法、烟囱式攀登法和身体螺旋式攀登法等。

### 后仰式攀登法

 **动作方法** 见图 3-3-19

手侧拉，脚顶着岩石边缘或其他岩面较平的地方。

**技术运用**

（1）避免脚在岩缝中放得太高，因为这样会增加手臂的负担；

（2）在攀高时最好使用一系列手和脚的简短动作，建立良好的节奏很重要，因为它有助于动作的流畅，还可以节省体力；

（3）一旦开始使用这个技巧，就很难摆脱它，所以必须确保你有足够的体力储备来攀到其余的目的点；

（4）这种技巧经常用在遇到岩角或者石缝时。

图 3-3-19

运动技巧

## 斗篷架式攀登法

### 动作方法 见图 3-3-20

用手和手臂撑住，然后用脚不断地向上，一点点地"轻叩"岩石，直到一只脚或者两只脚都接近于手的位置。

### 技术运用

(1)通常在石架上没有什么手抓的地方，所以小心地保持平衡非常重要；

(2)这项技巧是为了向上爬到一个小平台上。

图 3-3-20

## 茎干式(架桥式)攀登法

### 动作方法 见图 3-3-21

四肢对称支撑，手脚交替用力。

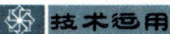 **技术运用**

（1）这种技巧需要手和脚的配合，不但可以用来攀爬而且也是很好的休息技巧；

（2）此项技术动作比较适合在相对距离较远的平行岩壁间进行；

（3）使用时应注意手脚的协调配合。

 **烟囱式攀登法**

**动作方法** 见图 3-3-22

通过交替使用双脚来向上推进，向上的动作主要用脚来完成。

**技术运用**

（1）该技术适宜在距离较近的平行岩壁间进行，注意重心的转移及两脚的协调交替；

（2）该方法可以避免压力只落在一只膝盖上。

图 3-3-21

图 3-3-22

扣锁技巧

基本技术

在使用快挂时，攀登者通常使用一个直门铁锁，用来扣住岩石栓架，再使用一个曲门铁锁扣住绳子。这样安排可以使攀登者能够很容易辨别用哪一个铁锁来扣住岩石栓架，但是这种铁锁可能会发生破裂，进而可能损害绳子，所以一定要定期检查。曲门锁可以较容易地对绳子进行定位和扣锁，在完成攀登或者是摔落的一瞬间起到决定生死的作用。

**动作方法** 见图 3-3-23

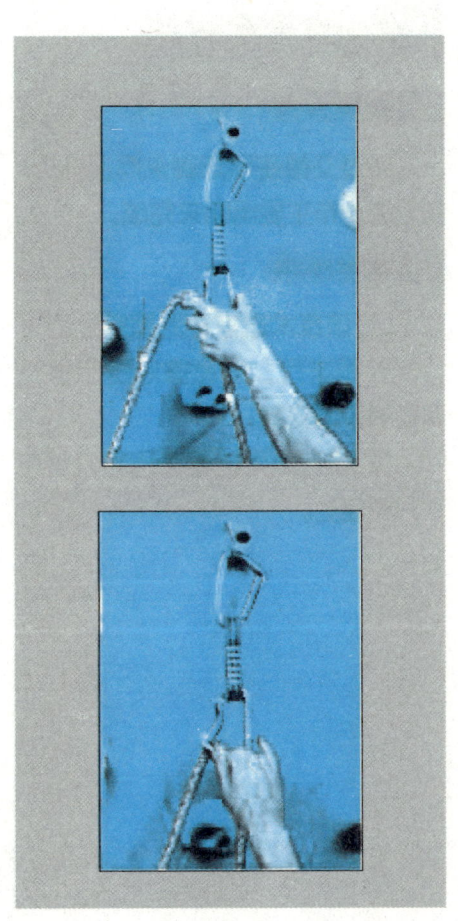

(1)张开的手使铁锁稳固，用手指扣锁；

(2)中指拉下，稳定铁锁，用食指和大拇指扣锁；

(3)铁锁背部(隆起部分)被抓在两指之间；

(4)整只手稳定铁锁，只用大拇指扣锁；

(5)它是用手指稳定铁锁的又一种方法。

**技术运用**

(1)在扣锁的时候，确保绳子是按照预期方向穿过铁锁，并且是从快挂后面被扣住的(对着岩面)，它不应该经过铁锁门，因为在那里它可能将锁扣弹开；

(2)在扣绳子的时候，警告攀登者的保护人(比如，喊"扣"或者

"放"），这样保护人可以按攀登者的需要放绳，拉上长度刚刚好的绳子（经验在这里很重要），然后攀登者用闲着的一只手将其扣住；

（3）如果有能力做到，可以在休息的时候或者在直臂时扣锁，这样比较省力；

（4）快速扣住快挂的方法有很多，应注意用双手进行练习，并且选择攀登者在每种情况下最爱用的方式；

（5）在任何情况下，系在攀登者安全带上的绳子必须在铁锁前方，而保护人一方的绳子是对着岩石的。

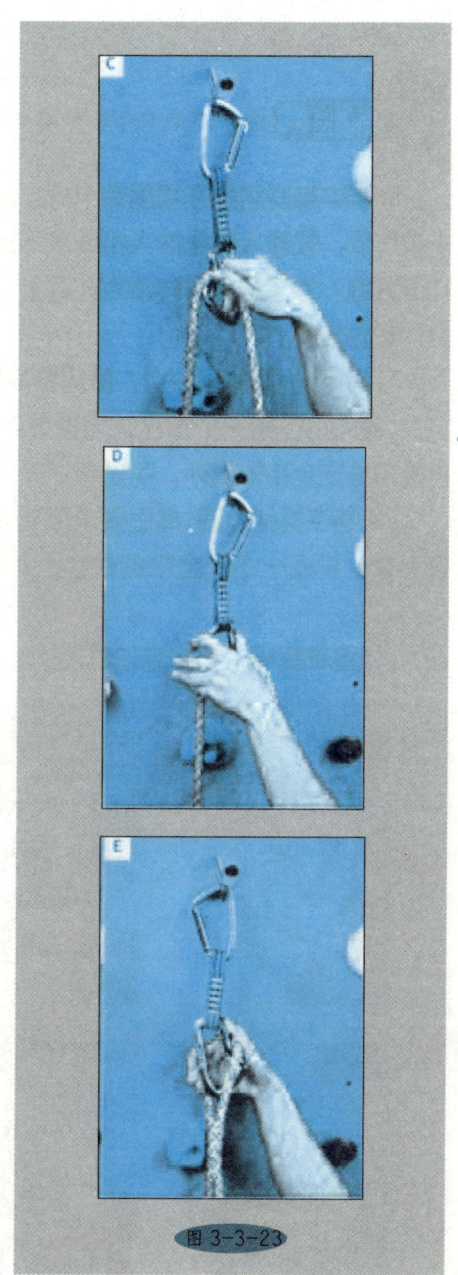

图 3-3-23

下降

攀岩中某些路线在顶部有十分方便整洁的铁锁，可以直接扣住，然后要求被放低，领攀人由保护人松绳放下是很普通的。然而大多数路线是没有这种设置的。为了避免将装备丢在路上，必须解开绳子，将其穿过铁链，再系上，然后放低。

(1)一到达顶部保护点，就用快挂钩住，然后分别扣住每一个螺栓；

(2)先扣住第一个螺栓，将攀登者的绳子扣进快挂，然后把第二个快挂直接扣进安全带附属环，再重新把第一个快挂扣入安全带；

(3)挂在这些上面，然后要求放绳，在身体下系一个好的"8"字结，把它拉上来，扣在一个安全带的铁锁上，万一快挂出现问题，可以作为后援支持；

(4)接着解绳，把它穿过底部的链子，然后再系回来，检查两遍；

图 3-3-24

（5）解开"8"字结，请攀登者的保护人拉紧绳子，再检查一遍，然后解下快挂，由保护人把攀登者放落回地面。

# 第四章　伸展及力量练习

　　攀岩运动同其他体育运动一样，不仅要掌握各种运动技巧，同时也需要进行艰苦的专项身体素质训练，本章将介绍关于攀岩运动者专项身体素质训练的一些方法，包括身体伸展性的训练以及身体各部分肌肉力量的练习。

## 第一节

### 伸展练习

身体伸展练习包括挺胸、展背等 18 种。

 挺胸

**练习目的**

伸展前胸、肩部前面的三角肌和二头肌。

**练习方法** 见图 4-1-1

图 4-1-1

（1）在身体背后交叉手指，手心向外，保证肘部伸直，向上提升手臂；

（2）也可以把双手分别放在门的两边，与肩同高，然后身体向前倾斜。

 展背

**练习方法**

伸展三头肌、背阔肌和手腕旋转肌的前部。

**练习方法** 见图 4-1-2

图 4-1-2

（1）用右手拿住毛巾的一端，置于脑后，保持肘部弯曲呈一锐角；

（2）左手放在后腰，抓住毛巾的另一端，轻轻拉下，伸展上部的三头肌，保持左臂垂直地上下移动；

（3）然后右手向上拉毛巾，直到感觉左侧肩膀有拉伸感；

（4）交换左右手重复以上动作；

（5）一旦有了足够的柔韧性，就可以去掉毛巾，让双手手指直接在背后相扣。

## 交叉手臂

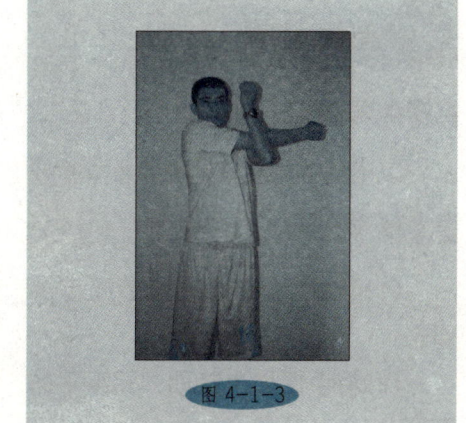

 练习目的

伸展从肩胛骨（大圆肌和斜方肌）到手腕旋直肌后部之间的肌肉。

**练习方法** 见图 4-1-3

（1）在肘部以上抓住上臂或把右肘放在左胳膊的臂弯处；

（2）左臂从右向左转动拉动右臂，直到右臂有拉伸的感觉；

（3）持续地伸展，变换手臂的角度（抬高左臂、左臂平行、放在左臂）锻炼不同的肌肉，交换左右臂重复以上动作。

图 4-1-3

## 前臂牵引

**练习目的**

在所有的攀登动作中，前臂的负荷最多。有规律地做这样的伸展动作可以预防网球肘病（侧面的上髁炎）。这种疾病的表现是：当手掌面朝向正前方时，肘的外部会有疼痛感。

**练习方法** 见图4-1-4

（1）伸直右臂，手腕向下弯曲，手心向内，与前臂呈直角；

（2）用左手慢慢向内拉右手掌，直到前臂感觉被拉伸；

（3）交换左右手臂，重复这一动作；

（4）也可以把手臂按在一个软垫上完成这组动作。

图4-1-4

## 向上伸展

**练习目的**

以不同的角度伸展三头肌和肩部。

**练习方法** 见图4-1-5

（1）面对墙站立，双脚距离墙60厘米；

（2）将手臂举过头顶，双手平贴在墙上；

（3）臀部向后移动，保持手臂和脊柱的笔直；

（4）也可以双膝跪地，一次伸直一只手臂平放在地板上，向后移动臀部实现拉伸。

图4-1-5

## 转体运动

**练习目的**

伸展体侧的肌肉（斜方肌）、下背肌群（脊柱竖立肌）和臀部的外展肌。

**练习方法** 见图 4-1-6

（1）把腿放在前面坐下，然后把右脚放在左膝的外侧；

（2）向右扭动上身，左肘放在右膝的外面，右手支撑在身后的地板上；

（3）左臂贴着膝盖向前推肘部，同时努力向身后的远处看；

（4）换个方向，重复以上动作；

图 4-1-6

（5）弯曲左腿，让脚压在右臀下面，可以增加臀部肌肉的伸展度。

## 坐姿牵引

**练习目的**

伸展下背肌群和腘筋。

**练习方法** 见图 4-1-7

（1）分开双腿坐下，膝盖轻微地向外弯曲；

（2）缓缓弯曲腰部，尽量向前，通过呼气来增加伸展度；

（3）保持两腿笔直，但不是僵硬，可以增加腘筋的锻炼强度，同时锻炼下背肌群。

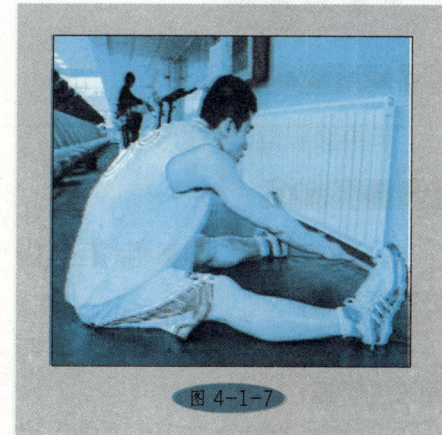

图 4-1-7

## 侧向弯体

 **练习目的**

进一步伸展身体的肌肉组织，包括髂胫带(ITB)。髂胫带从大腿外侧一直延伸到膝盖，太紧会引起膝部疼痛。

 **练习方法** 见图 4-1-8

（1）距离墙单臂距离处侧向站立，右脚向前一步，放在左脚左侧5厘米的位置，保持两腿交叉；

（2）抬起两臂，缓缓向右弯曲躯体，双臂可以触墙，保持重心落在后腿上，脚掌要贴紧地面，右膝略弯曲，使全身左侧都得到伸展；

（3）交换左右脚，重复以上动作。

图 4-1-8

## 蝶形运动

**练习目的**

伸展腹股沟，有利于攀登。

**练习方法** 见图 4-1-9

（1）坐在地上，脚掌相对且让脚底贴在一起；

（2）用双手拉动两只脚，分开30厘米的距离；

（3）保持脊柱位于中央位置，向前倾斜，俯下身做伸展运动；

（4）也可以平躺在地上，用双手推拉开膝盖使其着地。

图 4-1-9

 伸展腿筋

 练习目的

伸展腿筋，预防下背肌疼痛。

练习方法 见图 4-1-10

（1）选择一把高度在自己膝盖和臀部之间的长椅，将右腿搭在椅子上；

（2）保持脊柱位于中间，脚趾上跷，双手放在脚踝上，向前弯腰；

（3）为了加大伸展度，保持背部平展，加大弯腰的幅度；

（4）交换左右腿，重复以上动作；

图 4-1-10

（5）还可以采用这样的方法，即保持坐姿，向前伸一条腿，另一条腿收起脚掌，脚心贴于膝盖内侧，然后向前弯腰。

## 第二节

## 力量训练

力量训练包括高拉机练习、引体向上等 27 种训练方法。

高拉机练习

练习目的

这种练习的效果仅次于实际攀登经过的历练。它比引体向上好，因为练习者可以把悬挂角度设置为向后倾斜，并更容易对所要锻炼的肌肉进行

定位训练。

### 🏵 锻炼肌肉

背阔肌、大圆肌、肩胛骨、菱形肌、后三角肌、肱二头肌群。

### 🏵 练习方法 见图 4-2-1

(1)调整座位和膝垫使练习者的臀部和膝盖处于正确的角度，大腿能舒适地在膝垫下，双脚平踩地面；

(2)起立向外握住横把，两手的距离应比肘宽，如果横把有角度的部分太宽，只需要抓住自己觉得舒服的地方即可，或者换一个横把；

图 4-2-1

(3)坐下并且将膝盖塞入膝垫下，肘部略弯曲；

(4)向后倾斜至 15～45 度，保持颈部和脊椎平直，压肩使得肩胛骨与座位完全接触；

(5)动作平缓，拉下横把使之能接触到胸部，控制横把上升的速度，不要太快；

(6)回到初始位置，保持肩胛骨处于紧张状态再一次下拉，不要让肘部伸直，重复动作。

### 🏵 练习提示

(1)力量应集中于背部肌肉，而不是手臂，不要向后或向外摇，动作不要太急；

(2)避免正握，这不是一种前臂练习。

### 🏵 器械变化

(1)如果负荷比体重轻，可以调整位置不使用膝垫，这样躯干肌肉会承受更多的负载；

（2）变换手的位置：窄，宽，掌心面向自己，平行抓握；

（3）在练习过程中做完一次后停顿几秒，换一个角度继续锻炼；

（4）坐在稳定球上尝试单手拉；

（5）改变加载的金属盘数量，高拉机允许的最大载荷是高到腰部。

 **注意事项**

（1）不要在颈部后面做高拉机练习，这种动作对于攀登没用处，对于肌肉的锻炼方向也是不适宜的，而且会压迫颈椎；

（2）有肩部损伤的人在做这种练习时应注意，可以用较窄的握姿或者是平行握把替代。

## ▼ 引体向上

**练习目的**

增加上肢力量。引体向上很少需要甚至根本不需要什么器材，在家里或者是工作间的横梁便可以随时进行这种锻炼。

**锻炼肌肉**

背阔肌、大圆肌、肩胛骨、菱形肌、后三角肌、肱二头肌群。

**练习方法** 见图 4-2-2

（1）寻找一根直径大约 3.5 厘米，离地面足够高能使身体悬垂的横杆，高度至少能屈膝悬垂；

（2）手心向外抓住横杆，两手的距离应比肩宽；

（3）收紧肩胛骨，并且要在一套动作的始终保持收紧状态；

（4）平缓地向上，直到鼻子到横

力量训练

杆的位置，同时呼气；

（5）控制身体缓慢向下到开始的位置，重复以上动作。

### 练习提示

（1）每组要完成的数量最好和该组的类别保持 1：1 的关系（第一组做一次，休息一会；第二组做两次，再休息一会；第三组做三次……但是在达到极限前一两次要停下来），每天做两套；

图 4-2-2

（2）如果做不起来引体向上，开始可以手心向内进行引体；

（3）体育馆中的机器能够很好地帮助缺乏上肢力量的人多次完成这个练习；

（4）在家里，可以用一些 2 厘米长的弹性绳索绑在横杆上来模仿器械。

### 器械变化

（1）在横杆前 25 厘米处放置一个凳子，保持后背平直，同时把脚后跟搁在凳子上，通过调整不同的高度和距离可以改变负载的角度；

（2）如果可以轻松地完成动作，可通过绑缚沙袋的方法来增加负载；

（3）更节省体力的方法是，使曲臂保持在某一个角度，坚持越久越好。

### 注意事项

（1）在两次动作中间，肩部和膝盖要保持一定的紧张；

（2）避免在门框上做引体向上，这样对指关节有害，并且影响完成动作的质量；

（3）肩部有伤者在做引体向上时要多加注意。

## 俯身哑铃

### 练习目的

集中训练背部某一边，不损伤腰部。

### 锻炼肌肉

背阔肌、大圆肌、肩胛骨、菱形肌、后三角肌、肱二头肌群。

### 练习方法 见图4-2-3

（1）将一只手和与手同侧的膝盖压于长椅上，另一条腿站立于地面上，膝盖略弯，背部水平，也可以一只手放在桌子或者椅子上；

（2）抓起哑铃并垂臂，手腕不用力，肘部略曲，收缩肩胛骨，背部放松；

（3）从背部肌肉向胸部方向发力，提起哑铃到小臂与肘部呈直角。在动作过程中，上臂紧贴肋骨；

（4）保持提起状态片刻，缓慢放下哑铃，但不要直接将它丢下，重复以上动作。

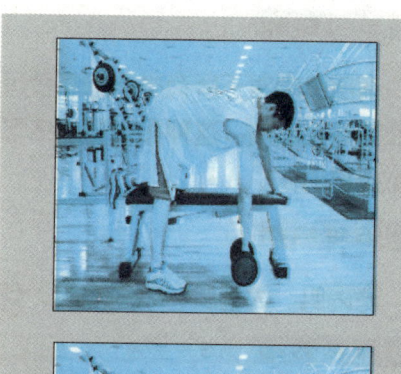

图4-2-3

### 练习提示

（1）强调从背部发力提起哑铃而不是肱二头肌；
（2）保持躯干与地面平行，不要向上转胸或者向下垂肩。

### 器械变化

（1）如以稳定球代替长凳，可以锻炼一些不太明显的小块肌肉；

力量训练

（2）可以通过变化背部的角度进行锻炼（从水平到 45 度），这适合在绳索机或靠近地面的滑车上完成。

无支撑的俯身哑铃练习会对背下部带来很大的力。可做代替性动作练习，如做单侧的运动或者将胸部靠在长凳上或者球上用一对哑铃双侧同时练习。

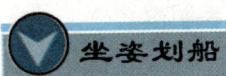

背部肌肉对于所有类型的攀登运动至关重要，因此需要制定系统的练习来锻炼背部肌肉。这种多关节的练习对于改善体态很有益，而且能够很好地模拟倒拉动作。

**锻炼肌肉**

背阔肌、大圆肌、中斜方肌、菱形肌、后三角肌、肱二头肌群。

**练习方法** 见图 4-2-4

（1）坐于器械上，脚蹬紧踏板或者地面，膝盖略曲；

（2）曲臂向前抓住把手，坐起直到背部垂直，这是开始和结束的位置；

（3）肩胛骨向后收拢，在运动过程中保持收缩状态；

（4）从背部开始发力，向腹部拉动把手直到肘部位于身体两侧，肘尖在身体后面；

（5）保持片刻，然后缓慢放松，不要快速地将把手放回。重复练习。

图 4-2-4

伸展及力量练习

**练习提示**

选择用不同的把手和变换手的位置做混合练习。

**器械变化**

（1）大多数体育馆有许多器械提供本质上一样的练习，可以都试试；

（2）可用一根直把代替把手，手心向上抓住进行练习。

**注意事项**

（1）若臀部向前摇晃会损伤下背部肌肉，有一些很好的方法可以锻炼这些肌肉；

（2）不要让肩向前张或者肘部张得太开。

 **直臂下拉**

**练习目的**

这是单关节练习，也叫做 levers。与标准的练习相比，它可以用不同的动作活动背部肌肉。

**锻炼肌肉**

背阔肌、大圆肌、中斜方肌、菱形肌、后三角肌。

**练习方法** 见图 4-2-5

（1）在高拉机的位置双脚前后站开，膝部和臀部略弯，背部在中间；

（2）两手呈肩宽，向上抓住横把，掌心向下，直臂向上45度，肘部略弯；

（3）下压并收拢肩胛骨，并在运动的过程中保持这个位置；

（4）保持片刻，然后缓慢放松，

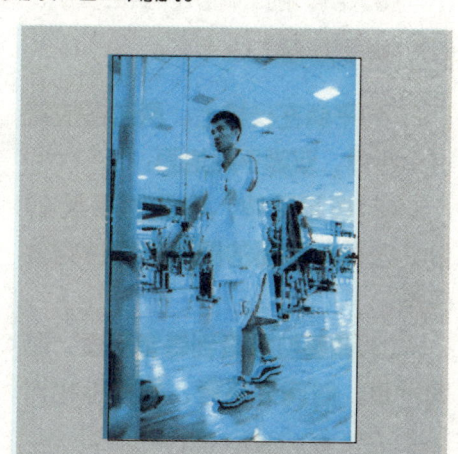

力量训练

不要快速地将把手放回，重复练习。

图 4-2-5

### 练习提示

（1）在完成其他的背部练习后，如果还有体力进行此项练习；

（2）保持肘部略弯以防止关节过分承载。

### 器械变化

（1）可以用双头的粗绳代替平把，跷起大拇指抓握；

（2）把大腿放在垫下坐在杠杆上，倾斜背部呈不同的角度，但是可能会损伤下背部肌肉。

## 仰卧推举

### 练习目的

目的是锻炼攀登者通常都比较弱的肌肉。

### 锻炼肌肉

胸大肌、前三角肌、肱三头肌。

### 练习方法　见图 4-2-6

（1）平躺在长椅上，两边各放置一个哑铃，双脚平踩地面；

（2）握起哑铃，弯曲肘部呈 90 度，在倾斜背部的同时把哑铃向外直推；

（3）调整位置直到感觉舒适，胳膊平直、肘向外略弯、两拇指相对指向，这是开始和完成的位置；

（4）曲肘，以弧形缓慢放下哑铃，直到上臂与地面平行，注意不要低于水平；

（5）在胸部挤压的同时伸直手臂，注意不要内合双臂撞击哑铃，重复练习。

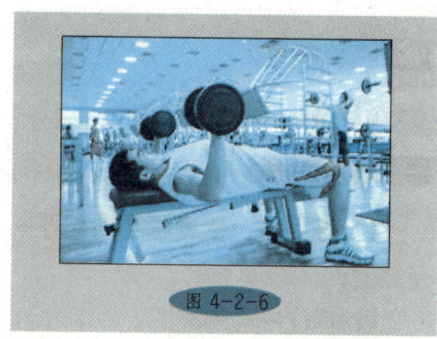

图 4-2-6

 **练习提示**

（1）使用带有横杆的哑铃可以限制动作的范围，进而使练习变得简单，为保持稳定而用到的肌肉也更少；

（2）大多数的器械都不能达到实物的效果，最好的器械是在胸前结束动作的时候，可以做出弧形或者挤压动作。

**器械变化**

（1）在 45～60 度之间增大长椅的角度，注意胸部要略高于前三角肌；

（2）在 10～30 度之间减小长椅的角度，注意胸部主要的位置要低；

（3）用稳定球代替长椅可以平压或斜压更多的肌肉。

**注意事项**

（1）开始时用比女子标准更轻的重量；

（2）能完全控制重量时再增加负载；

（3）防止哑铃掉落，小心受伤。

## 飞行动作

**练习目的**

此练习可按设计的方式运动胸肌。这是一种单关节练习，可以对攀登运动很少涉及的肌肉（反攀登肌肉）进行锻炼。

**锻炼肌肉**

胸大肌、前三角肌。

**练习方法** 见图 4-2-7

（1）练习时，使肩膀和滑轮在一条线上；

（2）抓住一边的高把；

（3）调整一会儿直到感觉舒适，手臂伸直，肘向外略弯（这是开始和结束时的位置）；

（4）保持手臂伸直，收胸，缓慢下拉直到与地面垂直，不要更低；

（5）扩胸，手臂上抬，重复动作。

**练习提示**

（1）应该最大限度地完成动作，以获得充分的锻炼，不过在手臂下拉的时候不要超过中线，那样没有好处；

（2）哑铃没有弹力绳效果好，因为用哑铃会随着手的靠近而减轻负载；

（3）仰卧低把双臂直臂飞行机可以使你进行相反的飞行练习，锻炼斜方肌和三角肌后缘。

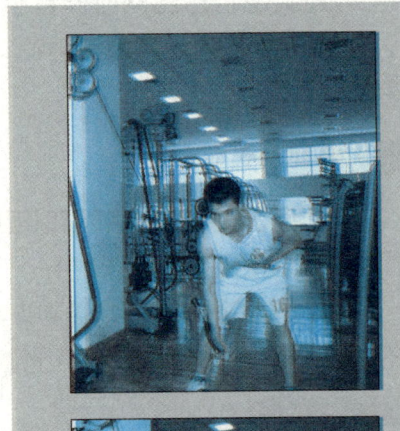

图 4-2-7

**器械变化**

（1）可躺在稳定球上进行下把双臂练习，以锻炼躯干肌肉；

（2）躺在倾斜长凳上进行双臂练习，旨在强化上胸肌；

（3）也可以站在交叉机上，弯腰 30 度，同时抓紧，这可以强化下胸肌。

伸展及力量练习

 **注意事项**

（1）如果负载太重，会存在一定的危险，这时可以将负载减轻，仰卧练习可以下压长椅；

（2）仰卧做低把上拉练习时，一定不要让双手从身体后面接触；

（3）飞行运动机把肘部弯呈 90 度会造成肩部和肘部疼痛，这不利于对胸肌的锻炼。

## 曲臂支撑

**练习目的**

这种多关节练习能帮助练习者进行 mantle（手掌撑起身体然后脚踩在同一点站起来的动作）移动。这项练习也能平衡攀登时用到的主要肌肉。曲臂直撑机能够帮助练习者减轻体重，还能有力气承受更重的负载。

**锻炼肌肉**

胸大肌、肱三头肌。

**练习方法** 见图 4-2-8

（1）如果设备可以调节，将握把的宽度调小些；

（2）在握把的末端支撑直立，腰部略微前倾，肘部略弯，直背；

（3）身体缓慢向下，直到上臂与地面水平；

（4）收胸的同时向上撑起，重复动作。

**练习提示**

依靠肱三头肌使身体垂直呈直

线，而向前倾斜是依靠胸肌。

图 4-2-8

**器械变化**

可以通过两把平行放置的椅子代替这种运动器械来进行锻炼。椅子摆放的距离略比肩宽，练习者用脚尖撑地。

**注意事项**

（1）曲臂支撑对于肘部和肩部的拉力很大，一些人不能做这个动作；

（2）避免肘部弯曲过大或者使用过重的负重；

（3）在开始位置，要注意肩部的受力情况。

 **背三角划船**

**练习目的**

这种多关节练习锻炼肩部和臀部肌肉，这些肌肉在攀登运动中经常会用到。

**锻炼肌肉**

后三角肌、中上部斜方肌、菱形肌、肱二头肌。

**练习方法** 见图 4-2-9

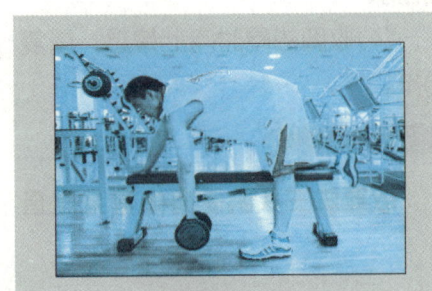

（1）一只手支撑身体，一侧膝盖跪于长椅上，另一只脚站在地面上，膝部略弯，背部水平，也可以利用桌子或椅子完成这一动作；

（2）抓住哑铃，与身体垂直，手

腕放松，肘部略弯，肩胛骨收拢；

（3）从背部肌肉开始发力，上提哑铃直到肘部呈直角，上臂向外展开；

（4）保持片刻，然后缓慢放下哑铃，不要速度过快，重复以上动作。

图 4-2-9

 **练习提示**

任何时候都不要将肩膀下拉，保持背部水平。

**注意事项**

无支持的背三角划船会使下背部承受一些剪切力。避免这种问题发生的方法是将胸部靠在长椅或球上，用一对哑铃进行练习。

## ▽ 肱二头肌弯举

**练习目的**

这是一个独立的单关节运动，是攀登运动最好的训练。

**锻炼肌肉**

肱二头肌、肱肌、肱桡肌。

**练习方法** 见图4-2-10

（1）保持站立，膝部略放松；

（2）每只手抓一个哑铃，前臂贴紧体侧，肘部略弯曲，掌心向外；

（3）不要让肘部移动，尽可能地抬高前臂；

（4）坚持到极限，慢慢放下手

臂，回到初始位置，重复以上动作。

图4-2-10

### 练习提示

（1）抬升手臂时，较弱的肱桡肌得到了锻炼，肱肌在所有位置都会得到锻炼；

（2）弯举时，若手腕不旋转，肌肉的活动最大；

（3）拉力机可以替代哑铃，它集合了训练肱二头肌弯举的低滑轮和训练肱三头肌扩展的高滑轮。

### 器械变化

（1）把上臂放在垫子上，可以变换上臂弯举时的角度，以此改变受力大小；

（2）在较低位置时，在不同的角度停顿几秒钟；

（3）很少有器械像哑铃或弯举机那样适合进行这种练习，练习杠铃时，力量较强的手臂会补偿力量较弱的一只，所以这样并不太好。

### 注意事项

当上臂靠在大腿上或垫子上时，注意不要让肘部过度伸展。如果坚持使用杠铃，要选择与手腕角度相匹配的。

### 肱三头肌推举

### 练习目的

上臂肌肉的平衡性可以帮助登山运动员具备更好的攀登表现并防止受伤。

**锻炼肌肉**

肱三头肌长头、内侧头、外侧头、肘肌。

**练习方法** 见图4-2-11

(1)平躺，背部靠在一个健身球（或长凳）上，双脚贴着地面；

(2)每只手各拿一个哑铃，笔直地向上伸开手臂，肘部有些许弯曲，掌心相对；

(3)保持上臂垂直，弯曲肘部，让前臂平行于地面；

(4)坚持到极限，然后伸直手臂，重复以上动作。

图4-2-11

**练习提示**

避免肘部弯曲超过90度，也可以用双手抓杠铃（或一个哑铃）完成这个练习，当然这不值得推荐。如采用这种方式进行锻炼，肱三头肌的效果是相同的，但每次只能锻炼一只手臂。

**器械变化**

也可以利用一种双绳的手柄做标准的肱三头肌推举动作。通过这种方式可以让双手锻炼的范围更大，以此增加肱三头肌外侧头的收缩力度。

**注意事项**

动作结束时，不要把肘部朝外。

 腕部弯举

### 练习目的

如果练习者不能从事攀登运动或不会使用指盘，那么没有比腕部弯举更好的锻炼形式了。用力弯曲手腕会看到中间有一个突起的肌腱（另一条紧挨着它，只是更靠近拇指）。

### 锻炼肌肉

腕部屈肌群。

### 练习方法　见图4-2-12

（1）双手抓住杠铃站立，掌心向外；

（2）放松手指，让杠铃滚动，手刚好能握住杠铃；

（3）向上弯曲手指，尽可能抬高杠铃，重复以上动作。

### 练习提示

攀登会更有乐趣。

### 器械变化

（1）可以用哑铃，但调整时要加倍小心，注意不要弄伤脚趾；

（2）如果肘部受伤正在恢复阶段，可以使用绷带来帮助完成这个练习。

### 注意事项

当前臂支撑在大腿和长椅上时，不要向后过度伸展手腕。

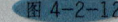
图4-2-12

## 手指悬垂

### 练习目的

与短期的实地攀岩相比，在指力板上进行手指悬挂练习更能锻炼手指的力量。对于初学攀岩的人来说，应该使用大的手点进行长时间的悬挂来锻炼手指力量，攀岩者要做的就是在进行前臂肌肉的锻炼之前（不是手指的肌肉）加强筋腱和肌腱的锻炼。

### 锻炼肌肉

指屈肌。

### 练习方法 见图 4-2-13

(1)最好在锻炼的后期或热身运动后进行悬挂练习，利用一些边缘尺寸较大的手点做一些准备工作，练习过程大约需要 30～60 秒，保持肘部略弯曲，肩部稍稍用力（不应该被动悬挂），休息一分钟，然后重复；

(2)在技术还不熟练时就要及时改变错误的握法，用开手握法悬垂3～8 秒，然后休息 5 秒，如果可以做单臂悬垂，那么就可以换一下手，但注意不要把手插在口袋里，除非你的攀岩技术已经很高超了；

(3)完成 6 次这种高强度的练习后，休息 2～5 分钟，直到完全恢复；

(4)移到一个更大的手点，最好是倾斜的，或者减少重量悬挂 25～

图 4-2-13

40 秒后落地，然后休息 1 分钟左右，重复以上动作；

（5）也可以移到一个更大的手点上或再次减少重力，悬挂 40～60 秒后落地并休息 1 分钟，重复以上动作。

### 练习提示

（1）在面前放一个有秒针的表，为悬挂计时；

（2）如果进行单臂悬垂后仍需要增加负荷，就用另一手拎些重物或系一个腰包；

（3）不要将比第一指关节小的手点选为支撑点，这对训练没有丝毫益处，只会增加指关节的压力；

（4）许多指力板都可能会有磨损的情况，用锉刀修理一下手点或用防滑粉填补一下。

### 器械变化

（1）可以选择多种不同的指力板；

（2）既可以把重点放在力量练习上，也可以针对某一种特殊的攀爬类型；

（3）所有基本力量训练的原则在这里都适用，这其中还包括应该知道的放弃的时机。

### 注意事项

（1）训练时身体不要弯曲，也不要被动悬挂；

（2）身体弯曲会增加关节处的杠杆作用，使手指支撑点承受比指尖大 3 倍的力量；

（3）被动悬挂时，肘部和肩部要完全放松，避免关联组织承担不必要的应力。

### 腹部

### 练习目的

对于所有的户外运动者来说，腹肌是很重要的。尤其是攀登者更需要强大的腹部力量——当他们悬挂在半空时，可以用脚钩住岩石。

### ❋ 锻炼肌肉

腹直肌、腹内外斜肌。

### ❋ 练习方法　见图4-2-14

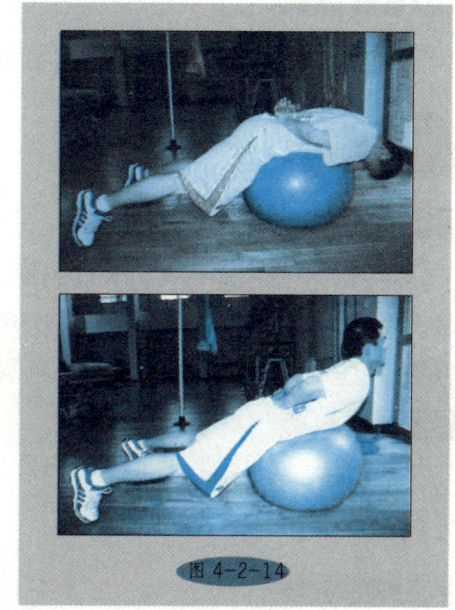

图4-2-14

（1）坐在健身球上，用脚移动身体直到身体完全躺在球上，膝盖弯呈直角，肩部比臀部略高，颈部伸直，双手在脑后交叉；

（2）收缩腹肌，慢慢将胸腔拉向骨盆，抬起躯干离开健身球直到腹部感到受力为止，双手不要对头部施加压力，仅仅与头部轻轻地接触；

（3）坚持片刻，然后反向练习，重复以上动作。

### ❋ 练习提示

（1）如果对任何腹部的练习都能做15次，那此时就需要增加负荷了，做3组，每组8～12次是比较合适的；

（2）每天做太多次的腹肌练习也是没有多大好处的。只有很少的训练能对腹肌有影响，除非脊柱弯曲。

### ❋ 器械变化

（1）在长椅或地板上做腹部训练要更容易些，因为动作的范围更小，而且斜面的要求更少；

（2）为了降低抗力，把手交叉放在胸前，为了增加抗力，可以使身体与球距离更远，此时球对上体的支撑会减少，但不能让肩部低于臀部（这会导致脊柱过度弯曲）；

（3）腹部训练机可以根据训练需要来调节抗力的大小；

（4）躺在地上，手臂放在身体两侧，用腿夹住健身球并用力挤压，使球从身体下方慢慢通过，来进行反向腹部训练。

### ❋ 注意事项

不要让背部肌肉过度伸展，过多的弯曲会使椎间盘恶化。

 深蹲

### ❋ 练习目的

深蹲可以同时锻炼许多大块肌肉群，增加关节的稳定性，这对所有的攀登者都是有益的，对阿尔卑斯式的攀登家更是无价的。如果练习的时间很短，它可以替代其他所有的下肢练习。

### ❋ 锻炼肌肉

臀大肌、丰腱肌、半膜肌、二头肌。

### ❋ 练习方法 见图4-2-15

（1）移动销钉，调整力量架，让杠铃刚好低于肩部，安全横木略高于膝盖；

（2）在杠铃上加上重力盘并用弹簧套筒保障安全；

（3）双手抓住杠铃，手间距比肩宽几厘米，杠铃横放在脑后下方的斜方肌上（肩胛骨上面，大椎突下面）；

（4）膝盖略弯，在杠铃正下方保持站立；

（5）退后一步，两脚比肩略宽，脚趾笔直向前或向外略分，改变脚

图4-2-15

间距可以改变肌肉的活动性和膝盖受力的大小；

（6）慢慢下蹲，平缓地弯曲臀部、膝盖和脚踝，保持脊柱在中间，目视前方，看着你前面的镜子，膝盖弯曲的方向和脚趾的方向一致，脚后跟紧贴地面；

（7）当大腿平行于地面或者身体已经尽量放低时，脊椎维持自然的拱形，站起的同时呼气，不要在蹲至最低点时有任何停顿，重复以上动作。

## 练习提示

（1）开始时使用空杠，掌握了动作要领后再增加重量；

（2）不要屏住呼吸，这会导致呕吐或昏倒；

（3）不要在脚后跟垫板子，自然地增加柔韧性比较安全；

（4）蹲到底比蹲到一半看上去要完美得多，但是这会使膝盖受伤，不值得冒险。

## 器械变化

利用一个杠铃进行锻炼，逐渐稳定地达到带着杠铃下蹲，这比用两个哑铃更有用，还能减少脊柱的一些受力。

## 注意事项

（1）不要用史密斯机，这样会打破所有的平衡，使后腰或膝关节的后十字韧带受伤，所以要小心使用轻量级机械，蹲到一半就可以了，避免深蹲；

（2）前蹲（杠铃在身体前面）会增加膝盖的压力，最好不要这样做，如果做的话就要减轻杠铃的重量。

## 提踵

## 练习目的

强壮的小腿对所有的攀登者都很重要。如果你攀登过魔鬼峰（位于怀俄明州东北角），就会感到小腿肌肉还需要多做练习。背着背包在一条长长的峡谷中前进就相当于进行了数小时的提踵练习。

### 锻炼肌肉

腓肠肌、比目鱼肌。

### 练习方法　见图 4-2-16

（1）踏上训练机后，调整肩垫的高度，略向前用力；

（2）把前脚掌放在平台上，两脚与肩同宽，脚趾笔直向前，踝关节伸直但不要太僵硬；

（3）开始时脚后跟略低于脚趾，然后收缩小腿肌肉，使脚后跟尽可能地抬高；

（4）坚持片刻，然后慢慢放下脚，回到初始状态。

### 练习提示

（1）为了增加柔韧性，可以将脚后跟放得更低，但不要强迫用力，要让运动保持自然性；

（2）改变双脚的角度不会有多少影响，不要自寻烦恼。

图 4-2-16

### 器械变化

伸直双腿时，腓肠肌具有很大的作用，它是小腿的主要肌肉。坐着的时候，膝关节弯呈直角，比目鱼肌承受了更多的负荷。所以这两种练习都要进行。

### 注意事项

（1）最大的危机是小腿得不到足够的训练，训练中要练习伸展运动；

（2）使用过度的小腿和脆弱的脚后跟是攀登者常出问题的部位。

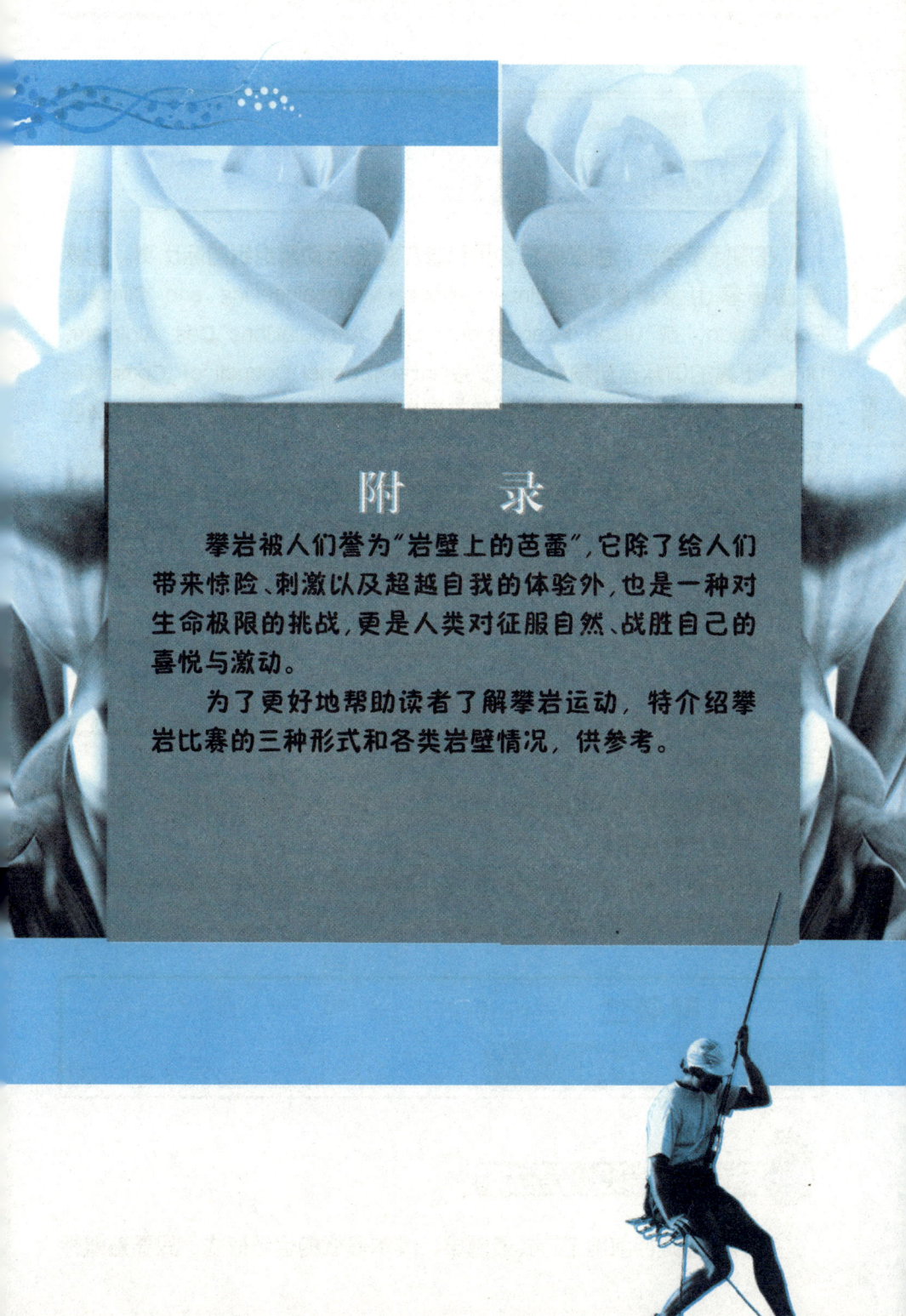

# 附　　录

　　攀岩被人们誉为"岩壁上的芭蕾",它除了给人们带来惊险、刺激以及超越自我的体验外,也是一种对生命极限的挑战,更是人类对征服自然、战胜自己的喜悦与激动。

　　为了更好地帮助读者了解攀岩运动,特介绍攀岩比赛的三种形式和各类岩壁情况,供参考。

# 附录一
## 攀岩比赛的三种形式

在国际攀登界，由国际总会负责推广攀登运动及组织国际比赛。它就是国际攀山及攀登联盟（International Mountaineering and Climbing Federation，或 Union International Des Associations Des Alpinism，UIAA）下属的国际运动攀登比赛议会（International Council of Competition Climbing，ICC）。国际总会现正积极争取使"运动攀登"成为奥林匹克运动会中的示范项目。

攀岩比赛按比赛形式可分为：世界杯赛和世界锦标赛；20岁以上的成年赛和19岁以下的青少年赛；男子组赛和女子组赛；国际赛、洲际赛及国家级比赛。另外值得一提的是，攀岩还是各级极限运动会（X-Games）中很重要的一个项目。

世界赛可分几种形式进行，如难度（Lead）、速度（Speed）和抱石赛（Bouldering）。

难度赛是比赛队员在同一难度的人工墙或路线上比赛。攀得最高或最远便是胜利者。

速度赛顾名思义是以速度决定胜负。在最短时间内完成路线，便得以晋级，直至产生冠军。

抱石赛是比赛队员在指定时间内，不限次数去尝试完成多条路线。尝试次数越少而又能完成路线者为冠军。

# 附录二
## 岩壁介绍

此种岩场是目前施工方式最简单，成本最低的岩场形式。只要遵照标

准的技术规范在混凝土壁上钻孔，打入膨胀锚桩，再锁上岩块即可。但是如果高度升高，则施工难度相对增加，那么成本也会变高。

　　缺点是岩点只能向外凸出而无法向内凹入，而且路线变化较少，显得较单调。更严重的是国内参差不齐的施工质量（以过去在建筑工地之经验，就曾目睹承包商在灌浆之前将整捆的色拉油桶、保丽龙片放入大梁及壁面中），为施工及日后使用增加不少变量。最为令人诟病的是它无法完全模拟天然岩场的三维立体空间变化。因此，虽然这种形式的岩场在国内的数量相当多，但是当一个攀岩者想要提升自己的技术或是要加强训练时，通常会去找寻更合适的场地。

木合板岩壁

　　此种人工岩场是将热压木合板外面涂上一层多元酯凝结物（国内大部分用油漆代替），背面以金属钢架支撑建构而成。由于它是由一块块木合板组合而成，因此它除了最基本的平面形式以外，还可以在经由计算以后，事先

裁好不同大小的板子，组合成立体之简单攀岩岩面。虽然它的成本比打孔锁岩块形式的岩场要高出一些，但是岩面的变化度也相对比较丰富。美中不足的是，毕竟是木板，它的触感离真正岩石还差很远；而且其凹凸变化是由平面组成，碍于材质及技术规格限制，仍旧无法做到真正的曲面弯曲变化。更重要的是，以沿海潮湿多雨的气候条件，若是将此种岩场设置于户外长期日晒雨淋之后，其木板容易损坏，钻孔部分因积水而腐烂不堪使用，因此每隔一段时间就必须重新更换合板，长期而言，不但增加麻烦而且增加维护成本，要是未能适时检查，则徒然增加攀登的危险因素。

但当整体工程预算不高且岩场是建构在室内时，则此种材料仍不失为较经济的选择。

## 平面合成板岩壁

　　这种岩场由单位岩板组合而成。制作合成岩壁的基本材料是玻璃纤维补强多元酯。合成岩壁最大的优点是除了具有木质合板的优点外，还能克服木质合板的缺点。因为通过模块化之简单组合，无论是简单或是复杂之设计，都可以如积木般组装起来。就材料本身特性、表面浮雕及粗造化处理而言，无论从触感上，还是从模拟三维立体变化上来评价它，它都是目前世界上最佳的岩场材料。

　　平面合成板岩壁相对于木质合板有一点不同，就是岩板表面的立体雕塑图案。此立体图案不仅具有美观效果，而且图案凸起处是很好的握点和踏足点。平面合成板岩壁变化丰富，是国际比赛选用的标准场地。

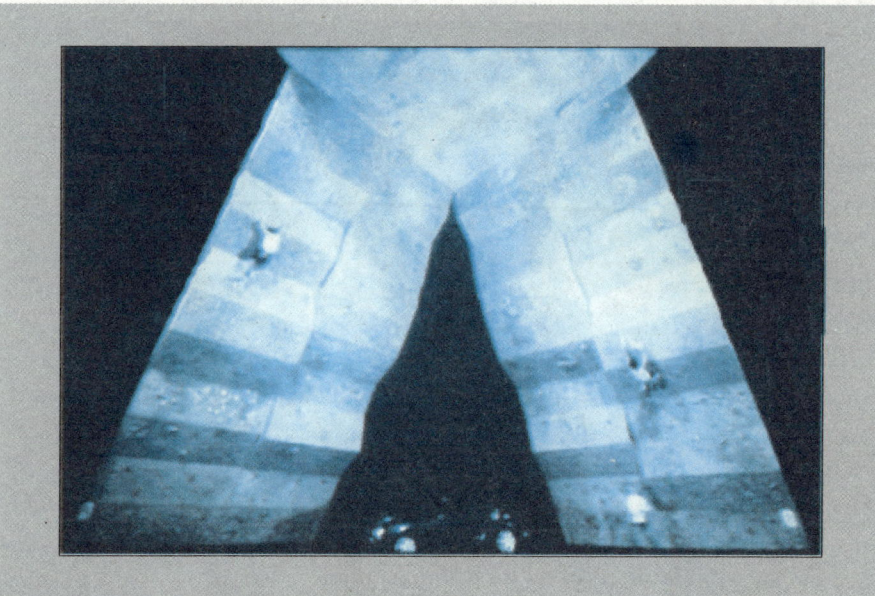

## 合成材质——3D 曲面雕塑岩板攀岩场

　　3D 曲面雕塑岩板依其字义可知是一种非平面的立体岩板，这是一种革

命性的发明，因其表面非平面的立体变化，使得人工岩场进入一个更高的境界。不论从如同真岩石的优美外观的角度讲，还是从让攀岩者有攀登天然岩石的感觉的角度讲，这种 3D 曲面雕塑岩板都是岩场最佳的选择。

这是更进一步的研发成果，与平面雕塑岩板不同的部分在于这是每块 1.0 米 X 1.0 米见方的三度空间立体岩板。它总共有 84 种不同的外形。经由仔细的规划及安排，可以利用适当数量的岩板，组成如天然岩壁般凹凸不平的立体岩场，而且这样的岩场在使用过一段时间后，可以再次设计，利用原有岩板的重新安排，来建构一座新外观的岩场，让使用者能保持新鲜感。它组合的所有接缝、夹角都是滑顺的曲面，而且几乎没有折角，可说是几乎能百分之百地模拟天然岩场，更重要的是这些岩板可以重复使用，所以近年来只要是大型比赛场地或是重要地点，大都以此种岩板设计岩场。

## 合成材质——自由造型雕塑岩板攀岩场

　　就如同名称所述，这种岩场的外形是没有任何限制的。它的材质与平面雕塑岩板及曲面雕塑岩板完全一样，然而它不同的地方就在于其可依照业主需求，做各种不同造型图案，如卡通图案、企业标志、艺术图案等等。此种岩场不是用固定尺寸的单位岩板组成的，它完全没有尺寸大小的限制，只要设计的出来的图案都可以做成岩场，是(ENTRE-PRISE)最新发明的特别产品。它可以用来设计各种山水造景，或是做成一座可攀登的公司产品的外形，以吸引消费者。并且它可让建筑师发挥他的创造力，配合整体建筑的设计工作，向业主提供一个既是造景又可攀登的建筑物。

## 喷浆混凝土攀岩场

　　这种岩场的结构设计原理是在造形设计确认后，先利用钢筋组成整个岩场的骨架结构，再在其上覆上一层增加结构的钢网，并在预定的地方安置凹

入式岩点的空模，最后再将整座骨架喷浆，待混凝土还未硬化时，由具有攀岩经验的专业技术人员，在混凝土表面，利用手工做出仿真岩石的效果后，打上确保固定点，锁上岩块即大功告成。

喷浆岩场不像木质或合成岩板等模块化的岩场那样，可以随时组装拆除，其在完工之后是几乎不可能再做变动或扩充改变的，但是也因为如此，它的设计可以完全不用考虑岩板组合的限制，造型可以天马行空地自由发挥，使得每一座喷浆岩场几乎都是世上独一无二的艺术雕塑品，这也是为什么在国外有这么多的大型游乐场、休闲度假中心、都市开放空间、小区公园和景观造景工程艺术等，都利用它来制作地方之地标或企业标志等的原因。它不但是一个结合造景的艺术品，更是一个最好的运动休闲场地，尤其是可利用它来举办各式公众公益活动、宣传、联谊、文艺发表和艺术表演等，它就像是一块大磁铁一样，能达到吸引人潮之效果。

## 移动攀岩场

此种岩场系将岩板以钢架安装在拖车上，将拖车拖到定点后，启动拖车上的油压系统，即可在 10 分钟内，将 7 米高的岩塔升起架好。此种岩场极适合游园会、运动会、攀岩活动的推广，在美国甚至有家长租来供孩子的生日派对使用。

## 可变角度岩壁

　　此种岩场利用防滑电动机齿杆装置，可迅速调整岩板的倾斜角度，当岩场上部向外倾斜时，可构成一个悬岩攀登面，随着倾斜角度增加，可提高攀岩难度，除平时作为攀岩练习外，亦可作为比赛用场地。这种岩场可以是独立站立的，也可以附加在建筑物的墙面上，因为它可以在瞬间改变攀登角度，所以在预算许可的状况下，常被用来作为一个岩场的特色设计，以吸引更多的使用者。

充气式岩壁

　　此种岩场以强化塑料布制成，借助鼓风机充气，可在 3 分钟内撑起来，不用时可折收起来，不占空间，在国外许多主题乐园、海边游乐场等均有设置。它也非常适合活动空间不大的幼儿园采用，最适合小朋友学习攀岩使用，岩场下端皆有充气垫，小朋友从高处摔落其上亦不会有危险。

### 冰壁攀登场

　　人工冰壁攀登，即用冰斧冰爪在人造的冰壁上攀登的运动，近年来在欧美国家逐渐流行起来。